课堂里的文学

——我的语文课堂札记

向春芳 著

广西师范大学出版社·桂林·

总序

可以选择很多角度，来描述亲近母语的发展历程，但课题研究和实验，一定是最根本最适合的角度。

如果从 2001 年亲近母语正式立项为江苏省教研室重点研究课题算起，亲近母语课题研究已经走过了十八年的历程。即使从 2003 年全国教育科学规划课题算起，亲近母语课题研究也已经走过了十五年的路途。

1999 年，在经历上个世纪末的语文教育大讨论后，国家启动了第八次基础教育课程改革。我还清晰地记得，2000 年底读到《语文教学大纲》(试用修订版）时欣喜而振奋的心情。

2001 年 7 月发布的《全日制义务教育语文课程标准（实验稿）》，第一次明确了课外阅读量，义务教育阶段必须达到 400 万字，小学阶段必须完成 145 万字。同时明确了小学和初中应该背诵的古典诗文和推荐阅读的经典名著。作为一个少年时代被阅读启蒙，被文学点燃的中师生，一个在八十年代文化环境下，幼稚地思考着中国小学语文教育应该走的道路的教育研究者，一个陪伴儿子在亲子阅读中成长的年轻母亲，我不希望将要上小学的儿子，和无数可爱的孩子们，每天都在学教材、做无聊习题的语文学习中长大，童年没有阅读，不能享受母语的温暖和美好。

如何真正落实课标提出的阅读量，让孩子们在童年享受阅读的快乐，进而热爱我们的母语？ 2001 年亲近母语总课题组成立。2001 年，几乎和《新语文读本》同时，亲近母语总课题组研发的《新启蒙教程》出版。这是后来，亲近母语开发的自读课本——《全阅读》《我的母语课》的雏形。让老师们在教学语文教材之外，每周上一节阅读课，用好亲近母语读本，带领孩子们进行更广泛的阅读。我们邀请梅子涵老师来到宝应，为亲近母语的实验老师们讲述图画书，讲述儿童文学。我们发布了中国第一份小学生分年段的阅读书目，倡导更多的小学语文教师在自己的教室里，为孩子们点起一盏灯，带领孩子们阅读图画书，阅读儿童文学。

亲近母语课题研究和实验，迅速得到全国各地的认可和呼应。2003年11月，亲近母语被立项为全国教育科学规划“十五”课题。《中国教育报·读书周刊》以整版报道了亲近母语实验的理念和实践探索。

2004年，亲近母语策划和发起了第一届中国儿童阅读论坛，邀请顾黄初、梅子涵、朱自强、商友敬、李庆明、窦桂梅、周益民、何绮华等众多语文教育史、儿童文学、儿童文化、语文课程论等方面的专家学者和特级教师参与，研讨在小学语文课程中实施儿童阅读的理念和实施路径，展现亲近母语课题研究和实验取得的成果。第一届论坛就有来自全国各地的五百多位校长和老师参与。

在第一届论坛上，亲近母语总课题组推出了两本实践研究专著。一本为由我本人和刘咏春老师共同编著的《亲近母语儿童阅读教育课程研究和实践》。虽然不够成熟，但初步概述了亲近母语的理念、课程建构以及相应的教学实践探索。一本为岳乃红老师的《班级读书会ABC》，为中国大陆最早的表述如何在班级开展读书会，进行整本书阅读和教学的专著。

2001到2006年，是亲近母语课题研究的第一个五年。“十五”期间，课题研究致力于将儿童文学引入小学语文课程，在儿童阅读推广、突破原有小学语文课程和教师培训的模式、建立多方对话的格局等方面，取得了一定的进展，获得了全国性的影响。

2006年，亲近母语国家级课题结题。以田慧生教授为组长，由顾黄初、成尚荣、梅子涵等组成的专家组，给予亲近母语课题研究和实验很高的评价，他们认为：“该项研究认真、扎实、有效、成功，而且具有原创性，体现了开拓精神。”2007 年，亲近母语课题获得江苏省第二届教育科研成果一等奖。2007 年，北京师范大学出版社推出亲近母语总课题组的第二批实验总结成果，分别为：薛瑞萍的《我们班的阅读日志》，岳乃红的《班级读书会 ABC》，余耀的《由图画书爱上阅读》，邱凤莲的《大声读给孩子听》，丁筱青的《儿童阅读的心灵地图》，周益民主编的《上读书课啦》，全面展现了亲近母语总课题组在整本书阅读和教学、图画书阅读和教学、班级阅读活动开展等方面的成绩。这套书是国内较早一批真正意义上的儿童阅读指导丛书，系统地总结了 2001 年以来，深刻影响小学语文教育教学和儿童文学创作及出版、亲子阅读等领域的儿童阅读实验成果。

在亲近母语“十五”规划课题研究的基础上，亲近母语“十一五”研究课题定名为“儿童阅读的理论和实践研究”。课题致力于构建儿童阅读的课程体系。“十一五”期间，亲近母语的儿童诵读、班级读书会、读写互动、图画书教学和讲述、基于儿童的小学语文课程的构建等实验项目获得长足的发展，课题点燃了一批优秀的小学语文老师的热情，他们在自己的教室、学校，积极开展儿童阅读，并积极带动更多的老师和学校、家庭，加入到儿童阅读中来，儿童阅读逐渐走向蓬勃。

2011 年，北京师范大学出版社又推出了亲近母语总课题组的四项研究成果，分别为丁云老师的童诗课堂探索专著《儿童天生就是诗人——儿童诗的欣赏与教学》，亲近母语儿童写作项目负责人邵龙霞老师的《儿童也能写作》，亲近母语图画书项目负责人刘颖老师的《我的故事讲给你听——从阅读到讲述》，薛瑞萍老师的《把世界带进教室——薛瑞萍教育教学讲演录》。

在前面十年课题研究和实践的基础上，经过多次专家学者和总课题组的论证，2011 年，亲近母语确立了“十二五”研究方向——回到亲近母语研究最初的出发点，将前十年儿童阅读研究的成果，引进小学母语教育课程建设，努力探寻和构建以儿童为本位、从阅读出发、以母语抵达的母语教育课程体系。和儿童、教师、家长一起努力，用母语为儿童营造温暖的精神怀抱，促进儿童听说读写能力的发展。

2015 年 8 月，亲近母语课题组在多年试用和实践的基础上，发布了《亲近母语儿童阅读课程方案（修订版）》，以及各个具体课程的实施方案。全面系统地阐述了亲近母语总课题组的儿童阅读课程体系，并且在多年探索的基础上，发布了线上线下结合，进行亲近母语儿童阅读师资培养的“点灯人大学”计划。亲近母语实验以系统的书香校园解决方案为形态，为学校提供优质的阅读文化建设、阅读课程设计和师资培养等专业服务，从而走向了更多的学校和区域。

从 2017 年开始，国家逐渐进入统编教材时代。统编教材加大了传统文化教育的比重，同时吸收了十多年来儿童阅读推广的成果，将整本书阅读列入了语文课程体系。在新的时代，亲近母语“十三五”课题在前期研究和实践的基础上，果断将“如何落实国家课程标准，教好统编教材，做好课内外统整教学，实现从课内到课外的拓展，如何加强传统文化教育”纳入课题研究和实验的重要内容，并重新修订和发布了《亲近母语课程实施方案》。

本次出版的这套书，是亲近母语课题研究和实验的第四批研究和实践成果；是近十年来，亲近母语课题的研究和实验成果的一次较为全面的展示。

《亲近母语：儿童本位的小学母语课程构建》是我本人对亲近母语十多年来研究和课程构建、教学探索，试图所做的一次理论阐述。

《和孩子一起日有所诵》是孔晓艳老师十二年来，陪伴孩子们日有所诵的记录和思考。

《丁云的童诗课堂》是丁云——这位颇有影响的诗人老师，十多年来自己读诗写诗，并带领孩子们读书写诗的实践记录。

《从整本书精读到群书阅读》是吉忠兰老师从一个乡村教师的大声读开始，所进行的各种关于整本书教学的探索的足迹。

《主题阅读的教与学》是徐世赟老师关于如何进行课内外整合和

主题阅读的行与思。

《课堂里的文学》是向春芳老师二十年讲台执教，带着孩子们学习、体验、感悟语文课堂背后的文学与文化、生活与万物的真实记录。

《书香校园建设经典案例》和《整本书教学设计精选》是这些年涌现的一些优秀的书香校园建设和整本书教学的案例精选。

《点灯人说》则是一批亲近母语课题实验老师的教育叙事，讲述他们如何和孩子们一起阅读，一起成长的故事。

这些成果的背后，都是一个个活生生的人，一个个希望用阅读去点亮儿童生命的点灯人，一个个活泼泼的、不甘平庸、有精神追求的母语老师。这些书，记录了他们的遇见，他们的阅读，他们探索中的悲辛，他们成长中的喜悦和痛苦。而这些真实的群像，勾勒出了十多年来，中国大地上波澜壮阔的儿童阅读推广的历程，写就了对小学母语教育的重新认识和建构的过程。

真诚感谢广西师范大学出版社的刘广汉先生和刘美文老师，对亲近母语和这套实验成果的出版支持。

在我看来，这一切刚刚开始。所以，我认为，这套丛书是一个完全开放的体系，是一个正在展开的召唤结构。它等待着一个个点灯人、一个个精神发光的母语老师，从教育的田野里走来，走进这个开放的行列中来，一起探索，一起开创属于这个时代的母语教育。

我在这里等候你们。

2019年3月26日

我的语文课堂行走（代序）

“真实的生命始于它活在你心中的那一刻。”(《故事知道怎么办》)

2019年，依旧轮回了一个四季。

回头望望，我在讲台上走过了二十年。二十年的语文课堂，我可曾留下点什么？又将走向何处？

于是下决心：这一年，讲台上执教，讲台下记录。

一天一天，记录课堂里的真实与欢喜。

记下来，再虚的日子，过起来也就实了。

记下来，日子便活在了心中。

一

“我觉得白鹭孤独地站立于小树的绝顶，有一种很特别的孤独美。”李嘉怡读到的。

“白鹭还有没有什么特别之处？它的一切都很寻常。”韩宗儒读到的。

“这是一种‘寻常美’。”李嘉怡善于总结提炼，这是我没有想到的。

课堂的未知，总是最迷人。

这一年来，我开始静下心来，走进自己的课堂深处。当我蹲下来和孩子交流，当我全心走进来倾听，便发现，每一堂日常的语文课堂上，都有着那么多的交融和生长的声音。这些生长的声音，有时强烈，有时微弱，需要我们用心感受。

每一篇课文，我都和孩子们一起走进去、走出来——文字和文字的背后，故事和故事的背后，声音和声音的背后……来来往往，便体验了语文课堂所蕴含的文学与文化、生活与万物。夜晚，我在灯下打开白天录下的音频，听自己的声音，听孩子们的声音，然后梳理、记录、思考。细水长流，生命在成长，语文从课堂走向远方。

二

一个故事，一首诗，代代吟咏，宛若星辰般灿烂永恒。

古诗十九首（其十）

迢迢牵牛星，皎皎河汉女。
纤纤擢素手，札札弄机杼。
终日不成章，泣涕零如雨。
河汉清且浅，相去复几许？
盈盈一水间，脉脉不得语。

十月的长沙清晨，清凉宜人。

孩子们一落座就开始自己诵读，一遍又一遍，渐渐有了舒缓的节奏。

黄一仓说："感觉好像诗中有一位美丽的女子在忧伤地织布，她的眼泪如同下雨一般。"

赖慧梓认为："这位女子可能是在思念自己最爱的人，但是又见不到最爱的人，所以很忧伤孤独。"

谢若玄有点不认可赖慧梓的理解，她说："这位女子应该和相爱的人一直在互相注视着，只是不能天天在一起而已，你看最后一句‘脉脉不得语’不就是说远远地含情脉脉，但是不能在一起说话。”

……

孩子们在古老的诗句中感受到了织女的思念与深情。

“再齐读”——此时，仿佛无需其他，唯有诵读足矣。

像这样，每一节语文课的前三分钟，我静静听孩子们诵读，我也和孩子们一起诵读。读三月的雅集，曲水流觞诗意清朗；读四月的芬芳，青草池塘春花信风；读五月的龙舟，先贤之风山高水长；还有七月的鹊桥、中秋的朗月、九月的登高……依着季节时令，沿着历史文脉在素净的诵读中感受生命的温软悠长。

三

“自己好好读书，也好好地带孩子们读书。”八年前的一个黄昏，我和朱爱朝老师漫步在南京栖霞山上，借着落日的余晖，朱老师悠悠地说。后来无数个黄昏，这句话总不时回荡在耳边，我扪心自问：今天我读了什么？我带孩子们读了什么？追问之后，有未读的焦灼，也有已读的欣然。

于是，白天的语文课堂，我们一起读童话、神话、故事里的天地生灵，仿佛“在那永不落叶的大树的高高枝头，嘀哩嘀哩，日日夜夜，琴鸟歌唱读书的幸福”。（雅克·夏尔庞特）我们一边读，一边欢喜。

夜晚的灯下，燃一缕熏香，我一边回味一边记录，记下课堂里的清晨暮霭，记下课堂里的你来我往，也记下了身边人、眼下事、常人心……寻常便有了生趣。

一年来，我尝试带孩子们从课堂走向远方，那里有洛水的美丽女神，有月宫桂树的芬芳，有希腊诸神，也有家园美好；我也带孩子们从课堂回到当下，冬天红泥小火炉，夏夜新透绿纱窗，春日燕子呢喃，金秋麦熟禾香……天地之间，道不远人。

行走吧，从课堂出发……

是为序。

向春芳

2021 年夏

目　录

我的语文课堂行走

我的文学课堂札记

我的语文课堂行走

白鹭是一首精巧的诗

2019年9月2日　星期一　开学第一天

五年级第一课，郭沫若的《白鹭》。

我与孩子们一样，是第一次在课堂里遇到白鹭。

晨读，洋溢的琅琅书声，清气升腾。

白鹭是一首精巧的诗。

色素的配合，身段的大小，一切都很适宜。

“读读你认为很美的地方吧。”很多同学读了这句，大家都觉得很美，应该会心生欢喜。齐读，再读。读着读着，我问：“这种美，是一种怎样的感觉？”

对于这样有些虚无的追问，我常常会忘记自己既定的答案，很多时候甚至不去预设答案，我把期待都留给了孩子。这次也如此，我不知道孩子们会说什么。

课堂静悄悄，似乎都在思考，似乎都不知该如何开口。平时活跃的孩子们眼里有丝丝疑虑。

“这个问题没有唯一答案，每个人的答案可能都不一样。”我想以此抚慰。果然，谢若玄若有所思：“我觉得课文里的白鹭和‘两个黄鹂鸣翠柳，一行白鹭上青天’里的白鹭不一样。”

这是答案吗？好像不是，也好像是。

杜甫笔下的白鹭敏捷矫健，雄姿威武。一千多年后，郭沫若反其道而行之，将白鹭变成了一首韵在骨子里的散文诗，缓慢淡然，楚楚动人，细细品咂，着实另有一番滋味。

“我感觉，白鹭的这种美美得很适宜，我们可以叫它适宜美。”我没想到第二个发言的是邱鑫睿——这个安静、平常的女孩，她的答案藏在她的气质里。

我把“适宜美”三个字写在黑板上。

“在郭沫若的笔下，白鹭美得那么适宜，一切都刚刚好。”沿着邱鑫睿读到的“适宜美”，我和孩子们继续读。

那雪白的蓑毛，那全身的流线型结构，那铁色的长喙，那青色的脚，增之一分则嫌长，减之一分则嫌短，素之一忽则嫌白，黛之一忽则嫌黑。

朗读声中，白鹭的色素、身段，长短之间，素黛之间，一切都刚刚好。

这种自然的适宜像是经过了科学的精算，浑然和谐。这是作家于战火纷飞的年代里发自心灵的惊叹。

晴天的清晨，每每看见它孤独地站立于小树的绝顶，看来像是不安稳，而它却很悠然。这是别的鸟很难表现的一种嗜好。

白鹭站立于绝顶，孤独而泰然。

十一岁的孩子，或许读不到作者于1942年前后革命激流中永葆清白的白鹭意象，或许读不到作者的自我写照，但孩子们读到了——

“我觉得白鹭孤独地站立于小树的绝顶，有一种很特别的孤独美。”李嘉怡读到的。

“白鹭还有没有什么特别之处？它的一切都很寻常。”韩宗儒读到的。

“这是一种‘寻常美’。”李嘉怡善于总结提炼，这是我没有想到的。

课堂的未知，总是最迷人。

黄昏的空中偶见白鹭的低飞，更是乡居生活中的一种恩惠。

我想起儿时，在门前的田野中、明净清浅的小河边，这种寻常的水禽，它们或立或飞，隐隐出没，不鸣不啸，不经意间增添了几分乡居生活的情趣。

下课。《白鹭》曲已终，一堂课，隐约留下白鹭适宜、寻常之美。

余音袅袅，绕梁不绝。

一点常识

9月3日　星期二　阴

初秋第一丝凉风拂过校园。

都市的校园没有明显的季节更迭，除了这白露前夕的秋风。遥想故土，儿时的这个季节，满眼都是金黄与丰收。

花生正是在这个季节成熟的。

今天两节语文课，学习许地山的《落花生》。

课文随时令编排，收花生的季节学习《落花生》，读书也是读生活。

真好。

课前，我在黑板上写下“落华生”。

课间的教室里顿时炸开了，几个热心的孩子跑上讲台：“向老师，您写错字了，是‘花’，不是‘华’。”顺着他们的声音，教室的同学几乎都拥到我身边来提醒我，叽叽喳喳，急切而热情。

“可能有什么蹊跷，这不像是写错的。”万安之的一句话平息了教室里的喧闹。有人开始思考，但没有人说出为什么。

面对不寻常，在我的这群相处了五年的孩子中，总有人浅浅地相信，也有人深深地怀疑。课堂的美好，便生长在这些间隙里。

上课。

“这是课文作者的名字。”余光掠过课间那几个急着纠错的孩子，似乎看到了他们若有所悟。

“你看到这个名字有什么想法？”

“说明这个人很喜欢吃花生！”

没有人举手。或许是有了课前的纠错之错，大家似乎瞬间都学会了思考与怀疑。

“这是他的想法，我知道其他同学有想的跟他不一样的。”

“我觉得‘落华生’这个名字很像‘落花生’，作者和花生之间应该发生过什么故事。”韩宗儒爱讲故事，思维中也有故事导向。

“这是第二种想法，我感觉有的同学还有不同的想法。”

“我觉得作者取‘落华生’这个名字，他一定和落花生结下了不解之缘！”

“我觉得他这个名字里应该有他父母的愿望。”

……

“落华生是他自己给自己取的名字，他的真名叫许地山。那他为什么给自己取这个名字呢？今天我们学习《落花生》。”

将板书中的“华”改为“花”。

“请大家把书打开，自由朗读这篇文章。”

父亲说：“花生的好处很多，有一样最可贵。它的果实埋在地里，不像桃子、石榴、苹果那样，把鲜红嫩绿的果实高高地挂在枝头上，使人一见就生爱慕之心。你们看它矮矮地长在地上，等到成熟了，也不能立刻分辨出来它有没有果实，必须挖起来才知道。”

父亲接下去说：“所以你们要像花生，它虽然不好看，可是很有用。”

我说：“那么，人要做有用的人，不要做只讲体面，而对别人没有好处的人。”

父亲说：“对。这是我对你们的希望。”

对于五年级的孩子来说，朗读几遍课文叙述的平实的故事就知道了，花生不求外表美观，只求于世有用的品格，感受到了父亲的循循善诱，也领悟了他借花生寄予孩子们的教诲。

那我们读点别的吧。

“刚才一直在讨论花生，讨论父亲的话，现在我们说点别的，谁先来？”课已过半，我想把课堂的时间还给孩子。

“课文中母亲也说了很多话，请大家看……”赖慧梓带着大家把母亲的话读了一遍。

我们家的后园有半亩空地。母亲说：“让它荒着怪可惜的，你们那么爱吃花生，就开辟出来种花生吧。”

母亲说：“今晚我们过一个收获节，请你们的父亲也来尝尝我们的新花生，好不好？”母亲把花生做成了好几样食品，还吩咐就在后园的茅亭里过这个节。

我们都说是，母亲也点点头。

真好，课堂上，只要有指向，总有孩子能自主抵达。

“是啊，原来，种花生、收花生、品花生、议花生，整个过程母亲都一直在哦。”这是此刻赖慧梓带我感悟到的，也是备课时没有想到的。

“母亲很有智慧，看到一块空地就想到让孩子们种上自己喜欢吃的花生。孩子们吃花生时一定很感谢母亲。”林含感叹道。

我们何止吃花生时高兴，买种时、翻地时、播种时、浇水时，不都有我们的愉快吗？不仅如此，姐弟间的情谊不也都在其中吗？母亲真是有智慧！

“我从‘母亲也点点头’看到了，母亲很支持父亲对我们的教育。”李嘉怡说。

再读母亲的话，那絮絮叨叨的话语里，都是平实的常识与真理。

再读点别的吧。

文本很短，配了水墨味浓郁的插图。

阴沉的夜色里一弯新月，月下簇拥着青蓝的花生叶，茅亭中，是家人品花生的剪影。

也许，好的语文，就是让学生认识些常识常理，感受点山高月小。

母亲的声音

9月9日　星期一　晴

这几天，教室旁的桂花开了，淡淡清香氤氲在校园里。

昨天用一课时学完了琦君的《桂花雨》。

家庭作业：读《桂花雨》的原文《故乡的桂花雨》(摘自《长沟流月去无声》，云南人民出版社，1999年版)。要求：细读原文与课文不一样之处，批注你的思考，明天课堂交流。

琦君的《桂花雨》和《故乡的桂花雨》文本比对

中秋节前后，正是故乡桂花盛开的时节。[课文]

中秋节前后，就是故乡的桂花季节。[原文]

一提到桂花，那股子香味就仿佛闻到了。桂花有两种，月月开的称木樨，花朵较细小，呈淡黄色，台湾也有，我曾在走过人家围墙外时闻到这股香味，一闻到就会引起乡愁。另一种称金桂，只有秋天才开，花朵较大，呈金黄色。[此段在课文中已经删除]

我家大宅院中，前后两大片旷场，沿着围墙，种的全是金桂。惟有正屋大厅前的庭院中，种着两株木樨、两株绣球。还有父亲书房的廊檐下，是几盆茶花与木樨相间。[此段在课文中已经删除]

小时候，我无论对什么花，都不懂得欣赏。父亲总是指指点点地告诉我，这是梅花，那是木兰花……但我除了记些名字外，并不喜欢。我喜欢的是桂花。桂花树的样子笨笨的，不像梅树那样有姿态。不开花时，只见到满树的叶子；开花时，仔细地在树丛里寻找，才能看到那些小花。可是桂花的香气，太迷人了。[课文]

小时候，我对无论什么花，都不懂得欣赏。尽管父亲指指点点地告诉我，这是"凌霄花"，这是"叮咚花"，这是"木碧花"……我除了记些名称外，最喜欢的还是"桂花"。"桂花"树不像梅树那么有姿态，笨拙的，不开花时，只是满树茂密的叶子，即使开花季节，也得从绿叶丛里仔细找细花。它不与繁花斗艳。其香气味，真是迷人。迷人的原因，是它不但可以闻，还可以吃。"吃花"在诗人看来是多么俗气，但我宁可俗，就是爱桂花。

桂花，真叫我魂牵梦萦。[原文]

故乡靠海，八月是台风季节。桂花一开，母亲就开始担心了：“可别来台风啊！”母亲每天都要在前后院子走一回，嘴里念着：“只要不来台风，我就可以收几大箩。送一箩给胡家老爷爷，送一箩给毛家老婆婆，他们两家糕饼做得多。”[课文]

故乡是近海县分，八月正是台风季节。母亲称之为“风水忌”。桂花一开放，母亲就开始担心了：“可别做风水啊！”（注：就是台风来的意思。）她担心的，一是将收成的稻谷；二是将收成的桂花。桂花也像桃梅李果，也有收成呢。母亲每天都要在前后院子走一遭，嘴里念着：“只要不做风水，我可以收几大箩。送一斗给胡宅老爷爷，一斗给毛宅二婶婆，他们两家糕饼做得多。”——原来桂花是糕饼的香料。[原文]

……

母亲洗净双手，撮一撮桂花放在水晶盘中，送到佛堂供佛。父亲点上檀香，炉烟袅袅，两种香混和在一起，佛堂就像神仙世界。[此段在课文中已经删除]

于是父亲诗兴发了，即时口占一绝：“细细香风淡淡烟，竞收桂子庆丰年。儿童解得摇花乐，花雨缤纷入梦甜。”诗虽不见得高明，但在我心目中，父亲确实是才高八斗，出口成诗呢。[此段在课文中已经删除]

……

我念中学的时候，全家到了杭州。杭州有一处小山，全是桂花树，花开时那才是香飘十里。秋天，我常到那儿去赏桂花。回家时，总要捡一大袋桂花给母亲。可是母亲说：“这里的桂花再香，也比不上家乡院子里的桂花。”[课文]

念中学时到了杭州，杭州有一处名胜满觉珑，一座小小山坞，全是桂花，花开时那才是香闻十里。我们秋季远足，一定去满觉珑赏桂花。“赏花”是借口，主要的是饱餐“桂花栗子羹”。因满觉珑除桂花以外，还有栗子。花季栗子正成熟，软软的新剥栗子，和着西湖白莲藕粉一起煮，面上撒几朵桂花，那股子雅淡清香是无论如何没有字眼形容的。即使不撒桂花也一样清香，因为栗子长在桂花丛中，本身就带有桂花香。我回家时，总捧一大袋桂花回来给母亲，可是母亲常常说：“杭州的桂花再香，还是比不得家乡旧宅院子里的金桂。”[原文]

我们边走边摇，桂花飘落如雨，地上不见泥土，铺满桂花，踩在花上软绵绵的，心中有点不忍。这大概就是母亲说的“金沙铺地，西方极乐世界”吧。母亲一生辛劳，无怨无尤，就是因为她心中有一个金沙铺地、玻璃琉璃的西方极乐世界。[此段在课文中已经删除]

于是，我又想起了在故乡童年时代的“摇花乐”，还有那摇落的阵阵桂花雨。[课文]

于是，我也想起了在故乡童年时代的“摇花乐”，和那阵阵的桂花雨。[原文]

五年级了，开始对文本有了自己的想法，慢慢能够跳出文本说出一二，尽管稚嫩，但文学审美与对文本的价值认同初见端倪。

晨读检查，大部分同学的作业纸上批注了密密麻麻的“思考”。

“昨晚读了琦君的《桂花雨》的原文，说说你们的思考，每个人的思考可能都不一样，相同的可以不说。”每次和孩子们探讨一些问题，只要告诉他们，我们的交流没有唯一答案，孩子们便有了表达的安全感。

“读了原文后我发现课文中删除了一些很有地方特色的东西，比如，用桂花供佛等。”李骏驰首先发言，这个孩子总是善于归纳发现。

“我觉得删掉这些可能是因为编教材的老师认为这些东西有点

迷信。”

“我觉得这并不迷信，只是作者故乡的一种风俗而已。”李嘉怡总是有着跟大家不一样的阅读视角。

没有人往下接了，都望着我，似乎在等待我下一个结论性的答案。

“我也是先读课文再读原文的，从课文到原文，在原文中读到了很多课文中没有的。琦君的母亲是虔诚的佛教徒，所以会在新收桂花时洗净双手，撮一撮桂花放在水晶盘中，送到佛堂供佛。这信仰里，也有父亲同在，父亲会点上檀香，炉烟袅袅，两种香混合在一起，在这样的清香中，眼前的佛堂就是作者臆想中的神仙世界。”似乎没有给学生一个答案，但至少告诉孩子们，在原文中，在平实的文字背后，有作者童年时代的家庭信仰，有江浙百姓人家的集体精神寄托和寻常记忆。

这些记忆，是摇落桂花雨的快乐，是品食桂花糕点的甜蜜味觉，是母亲口中的“风水忌”……这些记忆，如同桂花盛开时的阳光，明媚，温和。

“我昨天和妈妈还一起读了琦君的简介，她一生四处漂泊，所以特别思念童年时的故乡，特别喜欢回忆童年时代的美好记忆。”赖慧梓说。

大家继续交流着琦君一生的行走足迹，安静的叙述中有着对作者身世的感叹。

琦君是浙江温州人，十二岁随父亲来到杭州，三十二岁去了台湾，六十岁移居美国。她一生漂泊，八十四岁那年再次回到故乡温州。就是这样一位年逾八旬的老人，历经 1949 年的大迁徙、大分裂，遭遇了一番离乡背井的痛楚，重返故乡，看到故乡的一草一木，不禁泪水涟涟。故乡一直就装在她的心里，因此，她笔下的温州故乡，处处洋溢着“三秋桂子，十里荷花”的韵味。

从《桂花雨》出发，这群五年级的孩子们用自己的语言聊着这位素不相识的作者的故事，故事中有温馨，有怆痛，有漂泊坎坷，有幸福，有委屈。

还有一颗文学的心。

“再读读老师发给你们的‘原文’和书上的课文，看看有没有什么其他的思考？”我把这堂课剩下的十五分钟全部给学生。

默读与交流，适合走向文本深处。成人与儿童，都如此。

教室安静，窗外金桂开得正浓。芬芳中，再开启。

“我感觉课文的‘桂花雨’中只有琦君一个人，而原文中不但有作者自己，还有她的母亲、她的父亲。”这是大男孩余楚昂的细腻发现。

真好，能读到作品中的人物了。

“母亲在琦君的作品中占了很重要的分量。琦君写得最感人的几篇文章几乎都是写她母亲，琦君作品中的母亲是一位旧社会中相当典型的贤妻良母，充满了母心、佛心。”我补充道。

我希望，通过一篇《桂花雨》将孩子们引向更广阔的地方——

这里有故事：琦君替她母亲鸣不平，琦君为她母亲立碑作传，琦君忠实地记录下一位菩萨心肠的女人，在情感上被丈夫抛弃后，是如何默默地承受着非人的痛苦与屈辱。这里有一个时代的记忆：旧时代男尊女卑的家庭制度下，女性的忍辱负重。

“我觉得课文有一个地方改得有点失真了——”韩宗儒顿了顿，像是要爆料一则新闻。

大家静静等待。

“课文中说，桂花成熟时，会收几大箩，送一箩给胡家老爷爷，送一箩给毛家老婆婆。你想想看，一共才收几箩，送人也送几箩，那自己家里不就没有了？那也太无私了。”

全班哄笑。

“其实原文中是说，每年收桂花会收几大箩（特别重读‘箩’），送一斗（特别重读‘斗’）给胡宅老爷爷，一斗给毛宅二婶婆。这里的一斗应该要比一箩少，所以，自己家里应该留了足够的桂花，这样更真实些。”这个数学拔尖的男孩悠悠地说着。

数学思维让他有了有别于常人的细读方式，也有了“待人接物”的常识。这是我在备课中读了无数遍都没有读出来的。

下课了——读一首溢满摇花乐的诗：

细细香风淡淡烟，竞收桂子庆丰年。儿童解得摇花乐，花雨缤纷入梦甜。

这是母亲的声音，母语的声音，也是童年的回响。

“养鸟的人”

9月10日　星期二　晴　教师节

（一）晨读：《上邪》

起床，打开手机，满屏祝福。

晨读进教室，孩子们带了朵朵鲜花，大的小的，仿佛开满了整个讲台。今天晨读《上邪》。芬芳中，诵读声声，恍惚诗意氤氲。

上邪，

我欲与君相知，

长命无绝衰。

山无陵，

江水为竭，

冬雷震震，

夏雨雪，

天地合，

乃敢与君绝！

我第一次读到这首诗，是在上师范学校时的文选课上。好像也是这样的清秋时节，窗外梧桐叶落。那样的年华，读到的是女子矢志不渝的爱情。

上天呀！我愿与你相爱，让我们的爱情永不衰绝。除非高山变平地，滔滔江水干涸断流，凛凛寒冬雷声阵阵，炎炎酷暑白雪纷飞，天地相交聚合连接，我才敢将对你的情意抛弃决绝！

诗短情长，撼人心魄。

诵读教材，没有注释，没有诗文背景，所有的理解都靠自读自悟，共读交流。

诵读完成，交流十分钟。

"'上邪'就是'天哪'的意思，把标题和诗文联系起来读，你读到了什么？"

"好像是一位女子在对心爱的人发誓要永远爱他。"李骏驰说。

"那可不一定是女子在发誓，'君'也可以用来指女子，所以也有可能是一位男子在对女子发誓。"李嘉怡经常在课堂上以史为证。

"那可不一定是一男一女发誓，诗中说'我欲与君相知'，同性朋友之间也可以相知，很好的朋友之间也会互相发誓的。”韩宗儒说。

我没有在他们之间作出判断，只是问：“你们都读到诗中的‘誓言’，诗中是如何‘发誓’的？”

“举了几种现实中不可能出现的现象。”

为了证实誓言，接连举五种自然界不可能出现的异象，“山无陵，江水为竭，冬雷震震，夏雨雪，天地合”，意思是：要想背叛我们的誓言，除非出现山平了，江水干了，冬日里雷声阵阵，夏天里大雪纷纷，天与地合而为一！

主人公充分发挥想象力，一件比一件想得离奇，一桩比一桩不可思议。到“天地合”时，主人公的想象已经失去控制，漫无边际地想到人类赖以生存的一切环境都不复存在了，“乃敢与君绝”！这样的誓言，这些根本不可能出现的自然现象都被主人公当作“与君绝”的条件，无异于说“与君绝”是绝对不可能的。结果呢？只有自己和“君”永远地“相知”下去。

再读，背诵。五十多个孩子的声音里有了誓言般的铮铮气势。

此刻，文学的浪漫、热情，跨越时空，响彻千年，令人动容。

（二）珍珠鸟

第一节是语文课，学习《珍珠鸟》。

朗读感悟：信赖，往往创造出美好的境界。

孩子们读得入情入境，仿佛窗前有鸟儿来过。00后的这群孩子，对鸟儿的讨论热烈而好奇。

无法一一对应他们的讨论，只是零散整理，为记。

“为什么雏儿如此信赖作者？”第一个讨论的问题从文章的结尾开始。

“因为作者为鸟儿一家创造了一个安全的环境，从来不去伤害不去惊吓它们，雏儿一出生就在这样的环境中，它以为这个鸟笼就是它们的家。”

“因为有了吊兰的笼罩，雏儿以为吊兰下的鸟笼就是它的丛林，鸟笼外的这个家就是全世界，因为它没有见过真正的丛林。”

“因为它一出生就看到了和它朝夕相处、不伤害它的人类，所以它认为人类就是它的伙伴，就是和它同一类的物种。”

……

七嘴八舌，我知道，大家还有更多的“因为”。

因为，每个人心中都有一个关于“信赖”的尺度。

“文章的题目是‘珍珠鸟’，作者为什么用大部分篇幅都在写‘小鸟’，很少写到‘大鸟’？”熟悉了课文内容之后，想听他们讨论一下关于课文的写法。

“小鸟的世界就像小孩的世界一样，有一些童年的天真和快乐，大鸟的世界就像大人的世界，有点累，没有什么快乐，所以作者愿意写一个充满快乐的世界。”

或许真是如此——每个读者在作品中都能读到自己。我想起子勋多次在日记中流露出，父母为了生活而奔波劳苦的故事。

“小鸟和作者很亲近，它和作者之间有很多故事，所以才有写的素材，而大鸟可能不怎么亲近作者，所以没有什么好写的。”

“小鸟信赖作者，而大鸟可能并不信赖作者，或者不完全信赖人类。”

是的，亲近的、信赖的、熟悉的、寻常的事物，都是笔下的好素材。

作者是怎样一个人？

“养鸟的人。”哈哈哈！班级王俞皓的回答总是给大家带来欢乐，大家笑，他也笑。或许，在他现在的思维里，作者就是一个养鸟的人。无须我做太多的解释，同学们各有各的理解，说出来交流也是学习的过程。

“很善良的养鸟的人。”李彤的回答应该是受到了王俞皓的启发。

“很有爱心的养鸟的人。”

……

一些类似的答案，听完就模糊了。唯有韩宗儒的看法不一样——

“我觉得作者是一个做事很有目标的人，为了取得小鸟的信赖，他设计了吊兰，为了让小鸟不害怕他，他控制自己不去看它，不去逗它。最后小鸟真的很信赖他了，他的目标达到了。”

我没有给出定论，下课后反复再读了几遍课文，感觉韩宗儒的回答没法用“对”或“不对”来定论。既然没法确定，那就留给孩子们自己去思考吧。

如果有一天，小鸟知道了鸟笼外面有一个更大的世界，于是它想飞出鸟笼，飞进真正的丛林，作者会放它走吗？

“不会！因为作者那么爱珍珠鸟。”罗梓涵说。

“会的！正因为很爱珍珠鸟，才会给鸟儿自由。”谢若玄有点激动。

“我赞同谢若玄的观点，如果不给自由就不是真正的爱。”

“我赞同罗梓涵的观点，因为……”

“我赞同谢若玄的观点，因为……”

赞同与反对，因为与所以，都已不太重要。

秋日艳阳下，窗外绿荫依然很浓。

窗内的讨论已经飞出窗外，到一个宽大的心灵原野，那里有花有草有丛林，有每个孩子自己的思考。

附课文：

珍珠鸟

冯骥才

真好！朋友送我一对珍珠鸟，放在一个简易的竹条编成的笼子里，笼内还有一卷干草，那是小鸟舒适又温暖的巢。

有人说，这是一种怕人的鸟。

我把鸟笼挂在窗前。那儿还有一大盆异常茂盛的法国吊兰。我便用吊兰长长的、串生着小绿叶的垂蔓蒙盖在鸟笼上。它们就像躲进深幽的丛林一样安全，从中传出的笛儿般又细又亮的叫声，也就格外轻松自在了。小鸟的影子就在这中间隐约闪动，看不完整，有时连笼子也看不出，却见它们可爱的鲜红小嘴从绿叶中伸出来。

我很少扒开垂蔓瞧它们，它们便渐渐敢伸出小脑袋瞅瞅我。我们就这样一点点熟悉了。

三个月后，那一团越发繁茂的垂蔓里边，发出一种尖细又娇嫩的鸣叫。我猜到，是它们有了雏儿。我呢，决不掀开叶片往里看，连添食加水时也不睁大好奇的眼睛去惊动它们。过不多久，忽然有一个更小的脑袋从叶间探出来。哟，雏儿！正是这小家伙！

它小，就能轻易地由疏格的笼子里钻出来。瞧，多么像它的父母：红嘴红脚，灰蓝色的毛，只是后背还没生出珍珠似的圆圆的白点。它好肥，整个身子好像一个蓬松的球儿。

起先，这小家伙只在笼子四周活动，随后就在屋里飞来飞去，一会儿落在柜顶上，一会儿神气十足地站在书架上，啄着书背上那些大文豪的名字，一会儿把灯绳撞得来回摇动，跟着逃到画框上去了。只要大鸟在笼里生气地叫一声，它就立即飞回笼里去。

我不管它。这样久了，打开窗子，它最多只在窗框上站一会儿，决不飞出去。

渐渐它胆子大了，就落在我的书桌上。它先是离我较远，见我不去伤害它，便一点点挨近，然后蹦到我的杯子上，俯下头来喝茶，再偏过脸瞧瞧我的反应。我只是微微一笑，依旧写东西。它就放开胆子跑到稿纸上，绕着我的笔尖蹦来蹦去，跳动的小红爪子在纸上发出嚓嚓的响声。

我不动声色地写，默默享受着这小家伙亲近的情意。这样，它完全放心了。索性用那涂了蜡似的小红嘴，嗒嗒地啄着我颤动的笔尖。我用手抚一抚它细腻的绒毛，它也不怕，反而友好地啄两下我的手指。

白天，它这样淘气地陪伴我；天色入暮，它就在父母再三的呼唤声中，飞向笼子，扭动滚圆的身子，挤开那些绿叶钻进去。

有一天，我伏案写作时，它居然落到我的肩上。我手中的笔不觉停了，生怕惊跑它。待一会儿，扭头看，这小家伙竟趴在我的肩头上睡着了，银灰色的眼睑盖住眸子，小红爪子刚好被胸脯上长长的绒毛盖住。我轻轻抬一抬肩，它没醒，睡得好熟！还咂咂嘴，难道在做梦？

我笔尖一动，流泻下一时的感受：

信赖，往往创造出美好的境界。

千江有水千江月

9月12日　星期四　晴　中秋前一天

明天是中秋。

满校园的桂花香，沁心透脾，又逢明天中秋，正是共话月亮的好时节。

昨晚我布置的家庭作业文艺而开放：你在哪儿找到了最美的月亮？要求积累、摘抄与月亮有关的诗或文。

今早作业交上来了，突然发现原来我对月亮的认识更多停留在文学的层面，而学生对月亮的认知却指向各异，有指向天文维度的，有指向科学的，有散文，还有歌词……大千世界的月亮，从物象到意象，开启今天的主题阅读课。

（一）我与月亮的故事

月亮是属于每个人的，你跟月亮之间最难忘的故事是什么？

这个问题很突然，全班陷入沉思。

课堂上这样的静默有着别样的美好，因为静默之后往往会有更多的思考流泻。我没有催促，只是告诉他们：月亮离我们那么遥远，我们与它的故事，可能只是某个夜晚在心头掠过的一丝感叹，可能只是某个夜晚的一丝联想，也可能只是你感动于别人的作品中对月亮的描述……

“我对月亮最难忘的记忆是，我上幼儿园的时候，老师经常教我们念《月亮粑粑》，所以我那时一直认为月亮里面真的有个爹爹和奶奶，爹爹经常去买菜，奶奶经常绣花，他们的门口有一口井，井里面有蛤蟆……反正就是跟我们人间的生活一样但又不一样的那种感觉。”经常天马行空的万安之站起来，缓缓地说。

那记得那首歌谣是怎么念的吗？

“记得——月亮粑粑，肚里坐个爹爹……不行，我得用长沙话才会念，普通话念不好。”

好的，开始吧。

月亮粑粑，肚里坐个爹爹，

爹爹出来买菜，肚里坐个奶奶，

奶奶出来绣花，绣扎糍粑，
糍粑跌得井里，变扎蛤蟆，
蛤蟆伸脚，变扎阿鹊，
阿鹊上树，变扎斑鸠，
斑鸠咕咕咕，告诉和尚打屁股！

全班鼓掌。课堂上偶尔有点方言，总是稀奇而愉悦的，大家都跟着念了起来。

是的，一首古朴稚拙的长沙童谣，穿过无穷的岁月，满足了代代湖湘儿童对月亮的全部遐想。

我与月亮的故事，从童谣开始，仿佛是从遥远的地方走来，在每个摇篮边安详地念着，念着念着，孩子就睡熟了……

“要说与月亮的故事，我想到的是苏轼的‘人有悲欢离合，月有阴晴圆缺，此事古难全。但愿人长久，千里共婵娟’。有一段时间，我妈妈总是在车上放这首歌，好像是王菲唱的，听着听着我也会唱了。昨天晚上我摘抄了这首词，今天早上我在上学的路上发现一家蛋糕店里有一种月饼的名字就叫‘千里共婵娟’，看来不止我一个人喜欢这首词。”在黄一仓的讲述中，歌曲美食，月圆月缺，都有了一份浪漫。

千百年来，中秋之夜，不仅苏轼思念他弟弟苏辙，所有对远方的思念，都化在了皎洁美好的明月下——希望思念的人，平安长久。

这是我见过的最温柔无尽的思念。

“我想到的是那年中秋节，我们全家人用轮椅把我姥姥推到岳麓山上赏月，那天人很多，姥姥很开心。后来没多久姥姥就去世了，现在只要到中秋节我就会想起姥姥……”甜甜的声音有点哽咽。

魏莱接着说：“我想起有一次在乡下奶奶家，那天月亮好圆，我和村里的那些小朋友一起在月光下玩，那是我第一次看见那么亮那么圆的月亮，感觉比城里的月亮要亮一些。”

“那是因为城里有很亮的路灯、霓虹灯等，这些光聚集在一起，所以就显得月亮没那么亮了。”李嘉怡说。

每个人心中都有一个月亮，有的是科学的，有的是文学的，有的寄托思念，有的布满遐想。

故事还没讲完，得上课了。

（二）千江有水千江月

课前复印了苏教版五年级的课文《望月》给同学们，先让他们拿出来自己读，没有提出阅读要求，想看看他们自己能读到什么。

望　月

赵丽宏

夜深人静，我悄悄地走到江轮甲板上坐下来。

月亮出来了，安详地吐洒着它的清辉。月光洒落在长江里，江面被照亮了，流动的江水中，有千点万点晶莹闪烁的光斑在跳动。江两岸，芦荡、树林和山峰的黑色剪影，在江天交界处隐隐约约地伸展着，起伏着。月光为它们镀上了一层银色的花边……

偶然回头时，发现身边多了一个人，原来是跟随我出来旅行的小外甥。

“是月亮把我叫醒了。”小外甥调皮地朝我眨了眨眼睛，又仰起头凝望着天上的月亮出神了。小外甥聪明好学，爱幻想，和他交谈是一件很愉快的事情。

“我们来背诗好吗？写月亮的，我一句你一句。”小外甥向我挑战了。写月亮的诗多如繁星，他眼睛一眨就是一句。

他背："小时不识月，呼作白玉盘。"

我回他："明月几时有，把酒问青天。"

"床前明月光，疑是地上霜。"

"野旷天低树，江清月近人。"

"月落乌啼霜满天，江枫渔火对愁眠。"

"峨眉山月半轮秋，影入平羌江水流。"

……

诗，和月光一起，沐浴着我们，使我们沉醉在清幽旷远的气氛中。

突然，小外甥又冒出一个问题来："你说，月亮像什么？"

他瞪大眼睛等我的回答，两个乌黑的瞳仁里，各有一个亮晶晶的小月亮闪闪发光。

"你说呢？你觉得月亮像什么？"我笑着反问道。

"像眼睛，天的眼睛。"小外甥几乎不假思索地回答。

他的比喻使我惊讶。我好奇地问："你说说，这是什么样的眼睛？"

小外甥想了一会儿，说："这是明亮的眼睛。它很喜欢看我们的大地，所以每一次闭上了，又忍不住偷偷睁开，每个月都要圆圆地睁大一次……"他绘声绘色地说着，仿佛在讲一个现成的童话故事。

天边那些淡淡的云絮在不知不觉中聚集起来，一会儿，月光就被云层封锁了。"月亮困了，睁不开眼睛了。"小外甥打了个呵欠，摇摇晃晃地走回舱里去了。

甲板上又只留下我一个人。我久久凝视着月亮消失的地方，轻轻地展开了幻想的翅膀……

默读，范读，自己朗读，对于散文，总不敢轻易开讲。

读熟练了，有了初读的印记，我们才开始交流。

《望月》中作者只是望见了天上的月亮吗？

全班沉思。需要沉思的问题，才是真问题。我不希望总是看到“问题即出，小手林立”的场景。

“他还望见了‘江中的月亮’，我们看第二自然段，作者说：‘月光洒落在长江里，江面被照亮了，流动的江水中，有千点万点晶莹闪烁的光斑在跳动。’此时的作者可能已经忘记了天上的月亮，只是静静地低头望着江中的月亮，他一定被江水中那跳动的光斑深深吸引了。”

真好，千点万点，晶莹闪烁，跃跃跳动，那是无须描述的美。

我在黑板上写下了——江中月。

文中写到了哪些带“江”字的地方？

“长江。”

“江面。”

“江水。”

“江两岸。”

“江天交界处。”

读读文中的这些词，读读词外这些文，我说：“此时，月在天上，江在脚下，此时的江，此时的月，能够分离吗？”

“不能。因为江中有月光。”周诗泉说。

“江和月虽然是分开的，但也是没法分离的。”李嘉怡的话，经常让我感受到哲学的味道。

是的，此时的月已经映入了长江，照耀在江面，融入了江水，洒落在江两岸，洒落在江天交界处，这就是千江有水千江月。

回到我们初始的问题：《望月》中作者只是望见了天上月、江中月吗？

“还望见了诗中的月亮。”

“就是‘诗中月’。”刘以铭补充道。这个男孩爱读书，书读多了，就对文字有要求了，他总会敏锐地捕捉到文字的密码。

诗中月，一遍遍诵读即可。

“小时不识月，呼作白玉盘。”

“明月几时有，把酒问青天。”

“床前明月光，疑是地上霜。”

“野旷天低树，江清月近人。”

“月落乌啼霜满天，江枫渔火对愁眠。”

“峨眉山月半轮秋，影入平羌江水流。”

……

此处省略号里，还可能有哪些诗？

“露从今夜白，月是故乡明。”

“春江潮水连海平，海上明月共潮生。”

“海上生明月，天涯共此时。”

“深林人不知，明月来相照。”

“长安一片月，万户捣衣声。”

“明月别枝惊鹊，清风半夜鸣蝉。”

……

跟随作者的文字，我们望见了天上月、江中月、诗中月。读读下面这段文字，这是哪儿的月亮？

这是明亮的眼睛。它很喜欢看我们的大地，所以每一次闭上了，又忍不住偷偷睁开，每个月都要圆圆地睁大一次……

一片沉寂。

“我相信你们在思考！”我悠悠地说。

是相信，也是暗示与鼓励——此时，我们可以沉寂，但不能停止思考。

“我觉得应该是小外甥的‘眼中月’，在他的眼中，月亮就是明亮的眼睛，月圆的时候就是眼睛睁大的时候。”

能意识到这是“眼中月”也是不错的，毕竟，只是五年级的孩子。要抵达文学的深处，除了悟性，还需要时间的沉淀。

“其实，天上月、江中月都看得见，都是眼中月，对吗？只有这像眼睛的月亮其实在哪里？”我追问道，不管他们是否能听懂。

“在小外甥的心中！”李嘉怡总会很快悟道。

“心中月！”刘以铭补充道。

每个人心中都有一轮自己的明月，每个人都有自己的月亮遐想。沉沉静夜，明月会照见我们的欢喜、我们的忧伤、我们的思念、我们的迷茫。

学生静听，也许懂了，也许没懂。

只要有一颗明月心，终究会读懂明月情。

（三）千古明月千古情

明天就是中秋节，读一读中秋的月：

海上生明月，天涯共此时。（张九龄）

此生此夜不长好，明月明年何处看。（苏轼）

可怜今夕月，向何处、去悠悠。（辛弃疾）

天上若无修月户，桂枝撑损向西轮。（米芾）

齐读，诗短情长。

千里寄相思，在所有明月中，中秋月已是思念的图腾。转瞬即逝的圆满，盈亏之间的期待，多少豪情梦想，多少繁华冷清，最终都会“一樽还酹江月”。

此时，恍惚想起《颂钓者》中的那一轮明月——满船空载月明归。

钓鱼人没有载着鱼回家，却把月光载满船舱。

满与空。

没法言说。

还有袅袅炊烟

9月19日　星期四　阴　秋风起

用短短的散文《搭石》来教速读，虽然不太能理解把这篇课文放在这个单元的编排意图，但只要忽略了意图，放在哪里也无妨。

于是，重温《搭石》(四年级时曾在老教材中学过)，其实是重温那个小山村的画面。

开课直接进入——

“回忆课文。你的眼前有哪些美好画面？”

“感觉一行人走过搭石的画面很美，文中说每当上工、下工，一行人走搭石的时候，动作是那么协调有序，嗒嗒的声音，像轻快的音乐；清波漾漾，人影绰绰，给人画一般的美感。”

“还有哪些同学也感觉到这幅画面很美？”

一半以上同学都举起了手，脸上自信，眼里陶醉。

毕竟，这样的美在文中熠熠闪耀着——如同夜晚建筑群中缀满霓虹的那一幢，看到了，是大众读者的审美。

大众能直接读的美，教或不教，或许都在那儿。

尝试往深处走走，他们会读到怎样的画面？

“这确实有着画一般的美，画里有哪些‘美’？”

再读。

每当上工、下工，一行人走搭石的时候，动作是那么协调有序！前面的抬起脚来，后面的紧跟上去，嗒嗒的声音，像轻快的音乐；清波漾漾，人影绰绰，给人画一般的美感。

“‘协调有序’很有意思，那画面看起来一定是很和谐的，前面的抬起后面的跟上，仿佛是经过专门训练一样，这里有一种和谐的美。”

“每天上工、下工都要走过，长此以往，走搭石的动作、声音都是那么协调有序了。”

“我觉得这样的和谐主要是人们长期相处在一起，一行人长期一起过搭石，久而久之就十分默契了，所以如此和谐。”李嘉怡总会点亮核心。

儿时走搭石的经历告诉我，李嘉怡说得很对，一行人走搭石，默契是最重要的。于是，在赏读散文时，补充点生活经验——“紧走搭石慢过桥”。

讲台空地上画下一排搭石，每组上来一个孩子。第一轮模拟“慢走”：一行人一步一步走搭石，前面的突然停步，后面的全部“落水”。第二轮模拟“紧走”，慢慢地协调有序了。

参与的认真，观看的沉醉，人与人之间和谐默契带来的美好，已经写在了孩子们的脸上。

再读此段，孩子们的声音柔软了，缓慢了，仿佛清丽的诗行。

那就变成诗来读，缓缓音乐中，静静朗读……

每当
上工
下工
一行人
走搭石的时候
动作
是那么协调有序
前面的
抬起脚来
后面的
紧跟上去
嗒嗒的声音
像轻快的音乐
清波漾漾
人影绰绰
给人
画一般的美感

一行人在搭石上走出了音乐美、画面美，如此美好。这的确是家乡的——

“一道风景。”

风景中还有哪些看似平常的画面打动了你的心？

“假如遇上老人来走搭石，年轻人总要俯下身子背老人过去，人们把这看成理所当然的事。”周诗泉深情朗读，重读了“总要”“俯下”“理所当然”三个词。

读完后她似乎想说点什么，但好像又说不出来。我示意她可以坐下。眼神和朗读都告诉我，这个画面触动了她——她读懂了文字和文字背后的情感。

我希望其他同学都能读懂周诗泉的被触动。便追问——

“刚才周诗泉强调了‘总要’‘俯下’‘理所当然’三个词，说说你们的理解。”

“‘总要’‘俯下’，不是一次两次，应该是作者所看到的每一次都是这样做，作者所看到的所有年轻人都会这样做，这是很难得的。”

“可是，日日月月，年轻人会渐渐老去……”几年的相处，学生知道我此时其实是在提问。

“当这一代年轻人老去，他们的儿子女儿又变成了年轻人，儿子女儿老去，他们的孩子们又变成了年轻人，年轻人又去背年长的人。”

这就是代代相传，是乡亲代代和谐的行囊密码。

“‘理所当然’也告诉我们所有的人都会这样做，这样做对于乡亲们来说是自然而然的事情。”

何止这样，“理所当然”是对乡邻和谐融洽的平白描述，也是最高褒奖。尊老爱幼、温良恭俭让本就应该是“理所当然”的事啊，没有谁赞扬谁，但大家都这样做，长久地做，默默地做，代代相传。此谓本然，亦是大道。

当我们扶起跌倒的老人不需要被报道，当我们在公共场所为他人让个座不需要被称赞，我们期待所有的“优秀品质”都变成“理所当然”……这是古老的中国文化的根。

这篇小文章写于作者离开大山后，寻常的搭石，为何让作者如此记挂？

快速默读——单元目标中的阅读策略顺便在这里实现吧。

写作《搭石》的前前后后

刘 章

我出生在河北省兴隆县上庄村。

那是一条十里狭长的山村，人们逐水而居。一条无名溪水的两岸，是大山、村庄、梯田和果园。

我们村有六个自然村，其中五个村的人家散落在小溪旁，我出生的那个小村是溪水的源头之一，人家散落在两条山谷里，泉水汩汩，下自成“溪”。

从我的祖宗开垦小村，到我这儿才六代，算来也就是一百几十年的光阴。一代又一代人，出山串亲、赶集，唯有反复跨溪而行，除此，别无选择。

小溪最窄处仅五六米，最宽处也不过三十米。平时水最深处也不过一米。年年雨季过后，秋风将至之时，人们为了不涉凉水，在每一个跨溪水里摆上一排方石，这就叫“搭石”。小溪冬天结冰，人们来回走冰，只有窄处才搭小桥。夏天山洪暴发，唯有来回蹚水，或背水而叹。一年三百六十五天，有近二百多天走搭石。我是在抗日烽火年代出生的，七八岁前钻深山老林躲鬼子，没走过搭石。解放后才跟大人出山走搭石的。人们祖祖辈辈走搭石，习以为常，司空见惯。十里路要走多少搭石，没人数过。直到 1964 年我岳父从山外到我家串门，出于好奇，一道道计数，十里路竟走了三十二道搭石。我是从 1962 年起当上村干部的，直到 1975 年到县城工作，十三年间，不超过三天就要到乡镇办一次事，都是当天往返。一天要走六十四回搭石，总共走了成千上万回，对搭石的印象怎能不深刻呢？

1977 年末，我来到河北省省会石家庄工作。

当我见到人们抢着挤公共汽车的时候，见人们无序地匆匆横穿马路的时候，心里便幽幽地想到家乡的潺潺小溪，想到山里人走搭石的情景：一个人跟着一个人，动作协调有序，足音踏踏，水声淙淙，人影绰绰；两个人对面来到溪边，微笑止步，示意让对方先行。还有，年轻人背老人，大人抱娃娃，在记忆里，如他们留在水中的倒影。当我见马路上有砖头或树枝，人们宁可绕着走也不肯弯腰拾起的时候，我又想到山里人在雨水过后自觉摆搭石的情景，想到有人发现搭石不稳，退回岸上，找块好石头搭上的情景……

噢，搭石上有新意，搭石上有美，搭石上有情。由于搭石的特殊渡水方式，长期造就和展示了山里人勤劳、热心公益、互助礼让的美德。这样，我便在 1980 年 2 月写了短文《搭石》。

我写《搭石》，没有任何前人的文字可以借鉴，可以说是半生体验、一日写成，是生活的赐予。古代的文人们，写小桥流水，写古道、渡口，没人写搭石。我的文章发表后，在湖北诗人管用和的诗里读到一首同一题材的《踏石》，我想，也许叫“踏石”更准确。后来查《汉语大词典》，果然有“踏石”这一词条：“踏脚的石头。安置于浅水难行之处，便于行走。”举例用的是孙犁《白洋淀纪事·吴召儿》：“不用说雁北那蹚不完的冷水小河、蹬不住的冰滑踏石、转不尽的阴山背后……”大师的命名，当是无可置疑的。

搭石是特定自然环境里的产物。人们只在三四尺深以内的小溪、小河里摆搭石，在大江大河里则无能为力。

现在，我的家乡十里山村已经贴着山根儿修了公路，人们进进出出，骑自行车、摩托车，坐汽车，再也不用走搭石了。中国正在搞公路村村通工程，许多山村都不用走搭石了。可是，搭石是不会消失的，永远会摆在村庄通向田地或山野的溪流里，由于它是一种特殊的道路，人们自觉地摆搭石，人们只能单向行走，要互相礼让，那种美就会永远存在。

（选自《中国校园文学》，2012 年第 20 期）

读完了，还有一分钟下课。

“除了搭石，作者心中的家乡风景还有别的吗？”

淳朴善良、互相礼让、清波漾漾、人影绰绰、敬老谦逊……

“也许还有小村里的袅袅炊烟。”——这是很少发言的邱鑫睿的补充。

真正的勇士

9月23日　星期一　晴

今天学习《将相和》，大家对故事已经很熟悉了。

太熟悉的故事，读过很多遍的故事，不是教速读最好的素材。

权当速读已经发生，两节语文课交流《将相和》，还有《史记》。

九月初布置本月阅读《少年读〈史记〉》，大部分同学已经陆续读完，这几周的课间大多都在交流《史记》中的故事。

上周五万安之在走廊上追着我问：“向老师，李斯原本是楚国人，但辅佐嬴政灭六国，一统天下的时候，丝毫不见他对自己的国家心慈手软，他算是个好人吗？”

上溯两千年来讨论“国家”，我没有这样的思考和准备，幸好上课铃声终止了他的追问。

周末急速读史，意在“解惑”及如何为万安之和一个班的万安之“解惑”。

五年级了，他们对“历史”有需要了。尤其是这个年龄的男孩，他们需要英雄故事、历史传奇，需要激烈的冲突、艰难的选择、伟大的精神……阿曼老师说："历史上这些更有力量、更真实的故事才能滋养和满足正在长大但还未长大的他们。"

周一升旗时间余下了十五分钟，是"解惑"的好时机。

"上课之前，我想和大家交流关于李斯的故事。我来讲讲他的'厕中鼠和仓中鼠'……"

"李斯曾拜荀子为师，学习帝王术，学得很好，几乎是那种学霸类型，后来他投奔秦国。在秦国，李斯实现了他在楚国可能没法实现的理想，但最终李斯和他儿子还是被杀，三族被灭，临刑前，李斯对儿子说：'我想和你一起牵着黄狗出上蔡的东门去追猎野兔，但是哪能再过那样的日子啊！'"发言人是万安之。不得不感叹，十岁孩子已能在史中读到人生理想、背叛与忠义。

"是的，我们曾经交流过'朝秦暮楚'，在那个年代，人才在各国间流动，周游列国实现自己的人生抱负是最寻常不过的事情了——苏秦能佩六国相印、孔子周游列国，吕不韦、李斯，一个是卫国人，一个是楚国人，但都效力秦国，辅佐嬴政灭六国，统一天下，李斯还写下千古名篇《谏逐客书》来向秦王论述驱逐异国客卿的危害……"我一口气说完，似乎没有"解惑"，但我想表达：历史人物的行迹，总会有不同人的不同诠释。

借由这些"不同"，方能越读越开阔。

视野与人生，都如此。

开始上课。

速读课文，关注三个故事的发展。

回顾，理清"将""相"是谁。

黑板上板书：完璧归赵、渑池会见、负荆请罪。继而是经典之问：三个故事之间的顺序可以颠倒吗？

说完不可以颠倒顺序的理由，课文的内容就顺便概括了。

走进故事。

“完璧归赵”这个故事中，蔺相如为什么敢骗秦王？

“因为秦王不守信用在先，他根本没有诚意拿城换璧。”杨芯朵说。

“按照交易的规矩，如果想和别人交换某件东西，应该先把自己的东西拿出来给别人，而秦王拿到璧后，绝口不提拿城，所以，我猜蔺相如的想法是：既然你可以骗我，那么我也可以骗你！”李骏驰的回答充满了力量，陆续有几人补充，观点都一致。

第一个问题交流的结果似乎有了唯一的答案：以其人之道，还治其人之身，在那时就是最好的策略。

“渑池会见”双方胜负到底如何？

静默，翻书，浏览，寻找。

每当见此情景，心里便会涌起“提了一个好问题”的喜悦。

“蔺相如赢了，秦王输了。”

“我觉得他们双方都没有赢。”

“我觉得还是赵国赢了，请大家看，书上说，秦王没占到便宜。他知道廉颇已经在边境上做好了准备，不敢拿赵王怎么样，只好让赵王回去。这个‘只好’就可以看出秦王已无可奈何。”

“我怎么觉得好像不只是秦王没有占到便宜，蔺相如也没占到什么便宜，也没有赢得什么。”

“秦国很强大，赵国很弱，两国交锋时，赵国只要不输就是赢了，虽败犹荣的感觉。”刘以铭的答案中有逻辑思维，还有成败观、人生观。

输与赢，向来都是相对的。

强国欺负弱国与强国被欺侮，赵王被秦王逼与秦王被蔺相如逼，鼓瑟与击缶，都是输与赢的较量。

谁输了？谁赢了？

不必言说。

故事说完了，一起来聊聊，什么是真正的勇士？

“蔺相如机智勇敢，他还有一个优点就是非常能克制自己，当看到秦王没有丝毫诚意时他没有真正发怒，当廉颇不理解他、对他表示不满时，他也没有恼怒，而是选择冷静的方式对待，最后保住了和氏璧，也消除了和廉颇之间的误会，这也是一种勇士精神。”

是的，能从《将相和》故事中读出蔺相如的深谙人性、怒发冲冠、隐忍克制，何惧没有领悟到中国历史上、中国文化里的勇士精神所在？

只是，侠肝义胆也好，顾全大局也罢，惟德动天，无远弗届！

在那个年代，蔺相如能坚守赵国，处处保全赵国的利益与尊严，这样的“顾全大局”就是最可贵的爱国精神。

故事，从“讲”开始

——民间故事主题单元教学前交流

10 月 9 日　星期三　晴　深秋气候宜人

民间故事书的使命是使一个农民做完艰苦的日间劳作，在晚上拖着疲乏的身子回来时，得到快乐、振奋和慰藉，使他忘却肉身的疲劳，把他的贫瘠的田地变成馥郁的花园。

——恩格斯

没有故事的生活是多么寂寞，没有故事的童年是多么暗淡。

明天开始学习民间故事主题单元，需要提前备点古老、浪漫的底色。

十五分钟夕会课，那就讲两个古老的故事吧。

故事，从“讲”开始

公元前九世纪到前八世纪，爱琴海边的古希腊街头，一位双目失明的老人——荷马，整日漂泊，像中国的卖唱艺人似的，背着七弦竖琴，把几百年前的英雄故事、历史事迹和神话传说唱诵给大家听。久远的故事在七弦竖琴的伴奏下，美妙动听，吸引了一批又一批的听众。曲调不断循环往复，他吟述战争时，仿佛希腊人在远征特洛伊城的路上奋勇杀敌；他吟述爱情时，仿佛海伦的美貌可以穿破战争的硝烟；还有奥德修斯的木马妙计，古希腊的民俗、社会、历史、生活……故事讲述了一遍又一遍，这些故事在古老的希腊街头缓缓流传。诗人远去了，人们还在回味这位老人留下的故事——有古朴悠远的，有激荡痴狂的，也有平和安详的。

他的眼睛看不见古希腊的世界，他因传颂古老的故事被人们称为故事歌手。

老人死去了，但《荷马史诗》却一代代流传了下来。

故事，从“讲”开始。

故事还在讲。

在远古时代，我们的祖先们，对于自然界所发生的现象，例如风雨雷电的变幻，太阳月亮的运行，产生了惊奇的感觉，惊奇又得不到解释，于是，先民们都认为这些自然现象的背后有一位“神”。每当夜幕降临的时候，我们的祖先就会燃起火，讲着那些关于神的故事。

看到森林大火，他们讲，那是火神祝融发怒了；看到洪水泛滥，他们讲，那是水神共工的威力。爷爷奶奶讲给爸爸妈妈听，爸爸妈妈讲给孩子听，孩子们长大了又讲给他们的孩子听，神话故事就这样代代相传，后来，便有了《山海经》。

直到今天，我们依然能读到共工触山、刑天断首、夸父追日、嫦娥奔月的故事，能看到诸如兽身人面的火神祝融、青身白嘴的毕方鸟等光怪陆离的神仙模样；我们依然能感受到远古先民对图腾的狂热崇拜；我们依然在讲述阿姓的不死之国、大荒山上的不死之人、西王母的不死之药，我们依然能感受到人类渴望打破生死束缚、渴求长生不老的古老愿望。

穿过历史，经过时光，《山海经》犹如一块璞玉，古朴、光芒。

故事，从“讲”开始。

故事还在讲。

两个故事讲完了，离放学还有几分钟。

“猜猜，向老师为什么突然要讲这两个故事？”我示意了接下来我们要做的事。像这样跳出课堂猜测老师的意图，已经不是第一次了。

猎奇的背后，需要孩子们有自己的思考，需要有经有纬的纵横思维。

“这两个故事都很古老，一个是中国的，一个是外国的，你想讲点古老的故事给我们听。”陈乐卿尽管只是简单小结两个故事的特点，但已经在领会、思考的路上。

“两个故事里都有很多神仙，我们即将要学的这个单元里也是讲神仙的故事。”

“海力布不是神仙，牛郎也不是神仙。”

“但是他们都和神仙有故事啊。”

“尽管和神仙有交往，但海力布和牛郎都还是人啊。”

……

“马上就要学习《猎人海力布》和《牛郎织女》了，这两个都是民间故事，单元页上说，民间故事是口耳相传的经典，《荷马史诗》和《山海经》里的故事好像曾经也是口耳相传的。”李澈道总是先听别人说，任人辩说，然后再从容地表达自己的看法。

也算是一种智慧。

接着我告诉同学们：“故事早于文字，在没有文字之前，人们已经开始讲述田间地头、山川河流、战争和平、爱恨情仇的故事，故事里有神话、有生活、有传奇、有英雄、有佳人……口耳相传，是故事的来路，是文学的来路。”

我讲完了，算作小结几位同学刚才的发言。教室里安静极了，孩子们似乎懂了一点，似乎有很多不懂。不懂也罢。

播下一颗种子而已，在长大的某一天，会发芽。

“向老师，我猜你讲这两个故事应该是受《山海经神记》的启示，《山海经神记》中有古老的神话，也有强大的英雄。”李骏驰说得很坚定，仿佛思考已久。

“《山海经神记》是一本书吗？”我真是第一次听说这个名字。

全班哗笑，我不知所以。

教室里开始哄闹，有的对着我嬉笑，有的三三两两交流，细听之后才略知这是一款最新网络游戏。

十五分钟，历经古老的安静和现代的喧哗，下课。

回办公室，打开百度搜索“山海经神记”。

才明白，上古神话，早已在网络的声、光、电中演绎了它的玄幻与神奇。

虚拟游戏中能遇见神话传说与英雄故事的源头——

是俱进，亦是回归吧。

文学的母亲

10月10日　星期四　晴

晨读时，两个孩子各自抱着一本《山海经》到讲台前来找我。

“向老师，原来《山海经》是一本地理著作哦！三年级学《夸父追日》时我以为它是一本神话故事集呢！”

“昨天我对着目录数了，这本书里一共记录了五百五十座山，三百多条水道，四百多种神怪异兽，但只写了一百多个人，看来古人对大自然很感兴趣。”

看着他们急乎乎的样子，窃喜昨天十五分钟的聊天在他俩这里得到了生长。

“老师即兴发一个‘奖’——奖励你们两个研读《山海经》，读完了告诉我，我给你们半节课在班上进行阅读推介会。要知道，《山海经》里的内容包罗万象，不仅仅只是古代地理、动物、植物，还有很多矿产、神话、巫术、神奇鬼怪、历史战争等。”

秋日晨光的照耀下，两个十岁的男孩，手捧这一本古老的书籍，脸上布满了别样的生动。他们静静听着，眼里溢满了新鲜、渴望——当奖励有了文学的味道，童年应该多了一份美好。

我要做的，就是让文学在课堂滋生，慢慢养育一颗颗柔软的心，让他们“惊讶、好奇、流连、低回”，让他们“丰富灿烂的一生有所依伴”。

今天学习《猎人海力布》。

蒙古族民间故事《猎人海力布》又回到人教版教材中了。

民间故事是文学的母亲，弥足珍贵。

第一课时，走进故事，梳理故事——

整个故事都是简单句、口语词，没有华丽的辞藻和寓意深刻的语句，典型的口传文学。五年级的孩子，十分钟便完成了情节线索的梳理：救下白蛇——得到宝石——救助乡亲——变成石头。

按照课时推进，此时该进入创造性复述了——可是，如果没有文学的想象力，哪有故事的创造性。

“关于海力布，关于海力布的故事，谁想说点什么？”我开始试探着。

没有人举手，台下一片迷惑和沉醉，仿佛告诉我，千年经典故事，没有疑惑，没有感悟。

我感觉到了自己急于求深，于是缓和一下：“结合课文说说海力布这个人，就像我们聊廉颇、聊蔺相如那样。”

“海力布在故事的最后救了乡亲，变成了石头是自然而然的事情，因为他从来就有着舍己为人、友好乡亲乡邻的品性。”韩宗儒说。接着，韩宗儒请大家看文中的一句话：“海力布什么珍宝也不要，他对龙王说：‘如果您真想给我点儿东西做纪念，请把您嘴里含着的那颗宝石送给我吧。’”

“海力布以打猎为生，家里应该不是很富裕，当他有了拥有珍宝财富的机会时，他却单单选择了龙王嘴里含的宝石，是因为他从小白蛇那里得知，只要把那颗宝石含在嘴里就能听懂动物说的话，就能打到更多的猎物，这更多的猎物就可以分给更多的乡亲们，海力布不贪钱财，处处为乡亲着想，为大家造福，就像我们四年级学过的普罗米修斯一样。”

从中国的民间故事共通到了希腊神话，这是我没有想到，也是我应该想到的。孩子在长大，生命在丰厚，这种丰厚在逐渐穿越时空、越过眼前。

郑重地为韩宗儒点赞。

是肯定，也是在告诉其他的五十多个孩子，故事，可以这样聊。

有所指向，必有回响——

“这个故事让我想到了《流浪地球》。”

几个原本低垂的脑袋顿时都仰起来了，静静地等着李嘉怡接下来会说什么。

“《流浪地球》中说，根据科学家们的观测，太阳将在四个世纪后爆发氦闪，于是联合政府制订了‘流浪地球’计划。然而在地球向着半人马座漂流了四百年后，越来越多的普通人通过自发观测得出太阳氦闪不会爆发的结论。于是‘流浪地球’被大家认定是弥天大谎，世界各地的人们愤怒了，他们集结成叛军，攻进发动机控制中心，可是不久，太阳氦闪真的爆发了。故事中海力布就像科学家们一样，他告诉乡亲们洪水灾害将要来临，赶紧搬家，但这没头没脑的劝告并不能说服大家。海力布最终选择牺牲自己，将事情的本末告知乡亲们，说完就变成了一块石头。”

静静听着李嘉怡聊故事以外的故事，我想：“孩子是可以敬服的，他常可以想到星月以上的境界，想到地面以下的情形，想到花卉的用处，想到鱼虫的语言……”

此时，这个内核逻辑非常简单的蒙古族民间故事，让孩子想到了瑰丽宏大的科幻故事。

同样有一个先知的角色，同样有一群不相信先知预言的平民大众。为什么乡亲们这么顽固、这么愚昧，就是不肯相信海力布呢？为什么大众就是不肯相信太阳氦闪真的会爆发呢？久远一点，为什么苏格拉底会被古希腊人判处死刑呢？

“是乡亲们的愚昧、顽固让海力布变成石头的吗？”

我以为这群孩子会齐声说“是”。

但是，却没有。

“乡亲们没有龙宫的宝石，他们听不懂鸟儿的对话，他们世世代代住在这里都没有遇到过洪水，所以他们真的不明白会有大灾难来临，所以不能说乡亲们愚昧、顽固。”

“是的，如果他们愚昧、顽固的话，我想即使海力布说出了真相他们也不会搬走，他们只是要了解真相。”

“他们不知道说出这个真相会让海力布变成石头。乡亲们对海力布的怀念说明他们是善良的。”

普通人没有上帝先知的视角，乡亲们没有龙宫的宝石，所以不相信大洪水会来临；地球上的平民百姓没有受过严谨科学思维的训练，也没有先进的观测仪器，所以不相信太阳氦闪会爆发。

不是不相信，而是不敢相信。

第二课时，走向故事背后，发现创造性复述的秘密——

“我们一起来探讨一下，为什么用民间故事来学习创造性复述？”

五年的课堂相伴，他们已经习惯了我邀约的“探讨”——尽情表达自己所想、所思、所惑。

“因为民间故事大都很有趣，有趣的故事讲起来大家才愿意听。”看似等于没有回答，细想也是本真表达。确实，有趣的故事大家才愿意听，有趣的故事才能代代相传。因为，“儿童文学就是故事文学”。（朱自强）

“民间故事是民间传说的，不全是真实的，所以可以让大家创造。”

那就尝试创造性复述故事吧——

听故事，讲故事，听多了，讲多了，复述故事并不难，难的是创造性复述故事。

“如果你是海力布，你会怎么想？”我知道，孩子们在读故事时会角色代入，尤其是喜欢的故事。

“要是我就这样告诉乡亲们，他们不相信怎么办？但是不告诉他们，他们就性命难保了，整个村子就没有了。”刘子莘目光里闪烁着恐惧。

“山洪就要暴发了，他们为什么不相信我呢？不行，我要去找村主任，村主任一定会相信我的。”有人嘀咕：村主任更加不会相信。

低声窃笑一片。

“用我一个人的生命换回乡亲们的生命，换回我的父母、亲人的生命，肯定是值得的。我要马上召集乡亲们，把事情真相告诉他们。”

“我一个人变成石头倒是没有关系，如果我告诉了他们真相，乡亲们真的搬到了很远的地方，而大洪水又没有发生，那会不会遭到责骂？责骂也没关系，只要乡亲们都好好的。”看似无稽的心理挣扎，或许历经了几次道德的折返。

……

真好，就像这样，让自己进入故事，再讲述故事。

每个人，都可以讲述一个自己的《猎人海力布》。

恍惚间，想起三十多年前，我坐在那间乡村教室里，听我的老师用温暖的乡音，讲述海力布的故事。

还有我的外婆、邻居爷爷，他们在夏夜的晒谷坪里讲着一个一个古老的故事……

皎皎河汉女

10月11日　星期五　晴

早早来到教室，把《古诗十九首》(其十)抄在黑板上，准备作为今天晨诵的内容。

一个故事，一首诗，代代吟咏，宛若星辰般灿烂永恒。

古诗十九首（其十）

迢迢牵牛星，皎皎河汉女。
纤纤擢素手，札札弄机杼。
终日不成章，泣涕零如雨。
河汉清且浅，相去复几许？
盈盈一水间，脉脉不得语。

十月的长沙清晨，清凉宜人。

孩子们一落座就开始自己诵读，一遍又一遍，渐渐有了舒缓的节奏。

晨读临近结束时，我问孩子们："读这首诗，你们感受到了什么？"黄一仓说："感觉好像诗中有一位美丽的女子在忧伤地织布，她的眼泪如同下雨一般。"赖慧梓认为："这位女子可能是在思念自己最爱的人，但是又见不到最爱的人，所以很忧伤孤独。"谢若玄有点不认可赖慧梓的理解，她说："这位女子应该和相爱的人一直在互相注视着，只是不能天天在一起而已，你看最后一句'脉脉不得语'，不就是说远远地含情脉脉，但是不能在一起说话。"

孩子们在古老的诗句中感受到了织女的思念与深情。

那遥远而亮洁的牵牛星，那皎洁而遥远的织女星。织女正摆动柔长洁白的双手，织布机札札地响个不休。因为相思而整天也织不出什么花样，她哭泣的泪水零落如雨。银河清清浅浅，相隔并没有多远。在盈盈的银河两边，两人含情脉脉相视，无言痴痴凝望。

这首中国古代民歌音乐巅峰之作，经历了不知多少时间的淘洗，今天读之，依然清纯、动人。童稚的声音，触摸到了遥远的凄怨与忧伤。

"再齐读一遍。"——此时，我只想静静地听孩子们诵读。

这首诗源自我们今天要讲的故事——叶圣陶改编的《牛郎织女》。

孩子们已经迫不及待翻开书进入故事了，尽管课前已经看过很多遍了。

孩子，天生与故事亲近，何况是这样流淌着中国血液的故事。

当最熟悉的故事走进了课堂，该和孩子们聊点什么呢？

一起找出故事中的人物——牛郎、织女、王母娘娘、众仙女、牛郎哥嫂。

"还有牛和喜鹊，也是故事中的人物。"韩宗儒的看法让大家有点疑惑。

"韩宗儒说得没错，在故事里，动物植物都可以成为'人物'。"

所有人物都板书在黑板上。五年级了，可以尝试从作品的"人物"出发了。

说说他们之间的故事，择你感受最深的说。

"我想说说牛郎和牛，牛郎真是心地善良，可是在遇到织女之前过得很苦，幸亏有这头老牛，牛郎对这头老牛真是特别特别好，给老牛吃最好的食物，就像对待最亲密的人一样，他和牛可以说是相依为命。"

“老师，我不太赞同张汐铮的说法，我觉得牛郎和牛也不完全是‘相依为命’，他们两个之间，应该是牛对牛郎的恩情更重一些。你看牛帮牛郎介绍了妻子，直到死去还把自己的牛皮留给了牛郎。如果没有牛，牛郎就遇不到织女，如果没有牛皮，当织女离开时，牛郎就只能在地上张望，没法飞上天追随织女。所以，应该说牛是牛郎的恩人。”李嘉怡的细腻让她对恩情的衡量有自己的标尺。

“牛郎对牛也是很好的，你看牛郎给牛‘吃最鲜嫩的草，喝最干净的水’。”

“是的，那个‘要让你吃到世界上最美好的食物的人’肯定是爱你很深的人。”我的补充里有一点点对常常被孩子们忽略的生活点滴的暗示。

“是的，就像我老妈，为了给我买乡下正宗土鸡蛋经常开很久的车到农村去。”全班大笑，黄一仓也腼腆一笑，“不笑不足以为道。”

“牛郎那么善良，那么能吃苦，假若没有遇到织女，也有可能遇到人间的女子，不是常说好人有好报吗？”

“如果遇到的是人间的女子就没有这个故事了。”赖慧梓清醒地觉知我们身处在民间神话故事的里里外外。

如果牛郎遇到的不是天宫里的织女，如果与牛郎相伴的不是一头有先知寓意的牛，如果没有一群能感受分离疾苦的喜鹊，如果海力布得到的不是能听懂鸟语的宝石，如果田螺姑娘只是一只普通的田螺……故事，哪会历尽沧海桑田千淘万漉到今天？

“可是，在这个先民流传下来的故事里与牛郎相伴的为什么是牛？可以换成其他动物吗？比如，羊、马等。”

孩子们都认为不可以。有人说，因为牛是很忠诚老实的动物，才会有后来的故事；有人说，因为牛是天上的仙人下凡到人间的，所以才能帮主人找到织女；也有人说，因为动物中间只有牛和农民的关系最密切，因为牛要帮农民耕田……

这些只在动物园里看过“观赏牛”的都市孩子，能知道“牛和农民的关系最密切”，是令人欣喜的，这是他们对未曾经历的过去的遥想。于是，我想告诉孩子们——

千百年的农耕社会，男耕女织，一头黄牛半分当家，牛不仅仅是一种动物，也是先民心中的神。多少春和景明的时光里，农人扬鞭扶犁，耕牛缓慢而有力地拉动着前进的铧犁。

这画面，是我童年的底色，也沉淀在了心里，遥远而美好。

只是，如今每次我回那个湘西小村，已听不到昔日旷野里耕牛的歌唱，看不到阡陌中耕牛的蹒跚，田间劳作的全是轰鸣的机器。

耕牛，已黯然地退出了田园的舞台。

那么，牛郎和织女呢？有没有什么触动你？

“他们从相识到相爱，过上了美满的生活。”万安之一句话概括。

有人嘀咕：“所有的爱情都是这样的啊，都是从相识到相爱啊。”五年级的孩子，已经知道了世间爱情。

可是，牛郎和织女的相识有什么不一样吗？

“他们第一次见面，织女就下决心留在人间嫁给牛郎做妻子，可以说对牛郎一点都不了解就下了决心的。”

“织女对牛郎还是有了解的，牛郎把所有的身世都跟织女说了，织女感受到了牛郎的善良、忠厚，才下决心留下来的。”

“织女愿意留在人间，还有一个原因就是，她在天宫过得并不好，天天织布的生活实在是太无趣、太孤单了。所以，她想改变一种生活方式。”

改变是需要勇气的。善良、忠厚的牛郎给了她勇气，让她毅然决然地留了下来，从此，他们过上了——美满的生活。

我在黑板上写下“美满”二字。

孩子们在自己的本子上写——结婚以后，他们有了怎样的美满？

结婚以后……

结婚以后，牛郎和织女搬离了那个小村庄，他们来到一座有清泉的山脚下，盖了一间草屋。每天，织女在家里织布，然后拿到集市上去卖。织女天生手巧，她织出的布总能卖个好价钱。牛郎每天去耕田，他们的庄稼都长得特别好。晚上，织女和牛郎带孩子们坐在草地上一起看星星。织女会指着星星，告诉孩子们，那里是她曾经生活的地方，那里有很多和人间不同的故事，织女还教孩子们识字。

就这样，牛郎织女一家四口过着幸福美满的生活。

（黄玥）

结婚以后，他们有了自己的新家。穿过小树林，翻过山头，就是牛郎织女的家。这里有牛郎织女一起建造的木房子，房屋前面有他们一起开垦的田地。每天，牛郎到地里耕种，因为牛郎特别能吃苦耐劳，精心培育庄稼，所以他们家年年都是大丰收，日子越过越好。织女呢，每天在家忙着织布，照顾两个孩子，做好香喷喷的饭菜等着辛苦一天的牛郎回家。到了晚上，一家人围在火炉边，听织女讲天宫里的故事。

他们一家人，虽然不富有，可是很美满。

（赖慧梓）

孩子们的文字里，有他们对“美满”的定义——

男耕女织，儿女绕膝，围炉夜话，幸福相守。

可是，天有不测风云，牛郎织女的美满生活还是被打破了。

从此，牛郎和织女从相识、相守走到了——

“相离。”

“相思。”

“相望。”

“盈盈一水间，脉脉不得语。”那是在隔河——相望。

从此以后，牛郎在天河的这边，织女在天河的那边，只能远远地望着，不能住在一块儿了。他们就成了天河两边的牵牛星和织女星。

等啊等啊，喜鹊们都被那份痴情感动了。

于是，每年七夕之夜，趁银河风平浪静的时候，喜鹊们群集河上，口尾相衔，搭起一座鹊桥，让牛郎织女相聚。

据说每年的这一天，在人间是见不到喜鹊的。

鹊桥仙

（宋）秦观

纤云弄巧，飞星传恨，银汉迢迢暗度。
金风玉露一相逢，便胜却人间无数。
柔情似水，佳期如梦，忍顾鹊桥归路。
两情若是久长时，又岂在朝朝暮暮。

纤薄的云彩变幻多端，流星传递着相思的愁怨，遥远无垠的银河，各自悄悄渡过。一旦在秋风白露的七夕相逢，便胜过人间无数长相厮守却情意淡薄的夫妻。柔情似水，短暂的相会如梦如幻，分别之时不忍去看那鹊桥路。两情若是至死不渝，又何必贪求卿卿我我的朝欢暮乐呢?

千百年前，人们遥望星空编织爱情的神话，千百年来，诗人写下了无数爱情的颂歌，或许是用以提醒人们珍惜朝朝暮暮，亦是慰藉那些不得已分离的佳偶。

下课。

故事结束，愿孩子们获得一点长大后面对爱恋的柔情与感动。

山河　故里

10 月 16 日　星期三　晴

（一）

今天的晨诵应由赖慧梓领诵。

昨天放学时赖慧梓就早早地把词抄在了黑板上。

卜算子·咏梅

（宋）陆游

驿外断桥边，寂寞开无主。
已是黄昏独自愁，更着风和雨。
无意苦争春，一任群芳妒。
零落成泥碾作尘，只有香如故。

陆游的《卜算子·咏梅》，让我们看到了宋词托物言志的风貌。

几遍诵读，孩子们逐渐将平声“愁”和“香”拉长，加上入声字“独”，梅花落寞凄清、饱受风雨之苦的情形便充满在声音里。

梅花如此清幽绝俗，出于众花之上，可是如今竟开在郊野的驿站外面，紧邻着破败不堪的“断桥”，自然是人迹罕至、寂寥荒寒了。断桥边，风雨中，无人照管，无人赏识，只能“寂寞开无主”了，其生死荣枯全凭自己。

陆游是在借野梅的遭遇来说自己的生命历程。

“为什么诗人选择的是梅花，而且还是驿外断桥边的野梅？”

一生坎坷的陆游，是那么倔强而又坚毅，他酷爱梅花，他将梅花作为一种精神来倾情歌颂。即使是寂寞开无主的梅花，也要一枝独秀；尽管零落成泥碾作尘，也要争个芳香如故。

“只有香——如故。”

“只有香————如故。”

“只有香——————如故。”

窗外，十月的晨风徐来。

仿佛感受到了末句的扛鼎之力，它那“别有韵”的香味，却永远如故，一丝一毫也改变不了。它振起全篇，把前面梅花的不幸处境——风雨侵凌、凋残零落、成泥作尘的凄凉、衰飒、悲戚，一股脑儿抛到九霄云外去了。

“零落成泥碾作尘，只有香——如故。”

或许，作者是在从民族、国家的角度，作生命的表白？

（二）

“为什么我的眼里常含泪水？因为我对这土地爱得深沉……”

今天开启第四单元，家国之爱，土地情怀。

第一节课，《示儿》。

示　儿

（宋）陆游

死去元知万事空，但悲不见九州同。

王师北定中原日，家祭无忘告乃翁。

昨晚布置了家庭作业，让孩子们了解陆游，了解陆游为什么要

“示儿”。

欲体会爱国之情，需先知爱国之人。诗人陆游离世前念念不忘的，是驱逐胡虏、收复中原、统一国家。

“陆游在临终前，对儿子们说了些什么？”

“陆游觉得人死后万事皆空，也就是无牵无挂了，但他仍然挂念国家没有统一，希望儿女们在祭奠时要告诉他统一的消息。”

北定中原，这是陆游的遗愿。“告乃翁”，即他在九泉之下也要知道“北定中原”的消息。

一个人临终前，在自己的儿女面前，一般会留什么样的遗言？陆游的遗言有何不同？

但悲不见九州同。九州未同，中原未定，这是陆游的“悲”。为“不见九州同”而“悲伤”，为“遗民泪尽胡尘里”而“悲愤”，为“王师北定中原日”而“悲壮”，也为“家祭告慰”而“悲欢”。

“既然说死去后万事皆空，为何独独要‘悲’？”

对照诗文，全班再次齐读，声音里多了几分遗憾与悲壮。

是临终前的遗愿，也是渴望北定中原、九州大同的誓言。

没有奄奄一息，只有铮铮有力。

在这“空”与“悲”的对立中，在孩子们一遍又一遍的诵读里，有陆游超越个人生死、超越亲人留恋、超越家庭悲欢的情怀。这“空”与“悲”的矛盾里，“悲”是民族之情，是家国之爱。

照耀着山河，照耀着历史。

“既然人死后万事都不可知，为何还要‘告乃翁’？”

“也许在陆游的内心深处是相信会有收复中原的一天的，可是自己等不到了，所以希望儿女们能‘告乃翁’。”李骏驰首先说出了自己的体会。

“因为陆游是一个很执着的人，他一生都在为收复中原、统一国家而付出，这样的执着至死不改！”

“家祭无忘告乃翁”，是执着，是遗愿，也是信念。

在“空”与“悲”的冲突里，孩子们触及了诗人未曾言说的情怀与世界。

课件出示朱自清所言——“陆游才配称为爱国诗人”。

爱国诗及爱国诗人灿若星辰，为何朱自清说“陆游才配称为爱国诗人”?

教室的安静里仿佛满是思考，再读两首诗。

十一月四日风雨大作

（宋）陆游

僵卧孤村不自哀，尚思为国戍轮台。

夜阑卧听风吹雨，铁马冰河入梦来。

秋夜将晓出篱门迎凉有感

（宋）陆游

三万里河东入海，五千仞岳上摩天。

遗民泪尽胡尘里，南望王师又一年！

无须老师解读，解读毕竟有限。重要的，不是从这些诗中读懂了什么，而是希望学生去读些什么。

临近下课，想起昨晚布置孩子们搜集陆游的生平资料，来多方面了解陆游。我特别强调：“除了‘爱国诗人’以外的东西，更需要我们了解。”

“来，聊聊你们自己从资料中读到的陆游。”

面对我发起的“聊天”，孩子们总是乐于向课本以外的“深处”“别处”聊开去。

“陆游十九岁时与青梅竹马的表妹唐婉结了婚，两人非常恩爱，然而，他们甜蜜的梦很快被陆游的母亲打破了，陆游的母亲以各种理由逼迫陆游休了唐婉，也就是离婚了。十年之后，陆游来到绍兴沈园游玩，巧遇唐婉，他提笔在沈园的墙壁上题了一首词，叫《钗头凤》。第二年，唐婉再次来到沈园，看到了陆游的题词，不由得泪流满面，于是也写了一首《钗头凤》。临终前一年，八十四岁、白发苍苍的陆游又回到沈园……”善于讲故事的李嘉怡，娓娓讲述了陆游一生至死不渝的爱情。

“陆游一生不仅对统一国家执着，对写诗也很执着，他‘六十年间万首诗’，也就是平均每隔三天就写一首。”刘以铭补充道。

真好，这群孩子，能在伟大的家国情怀之外，在九州未同的悲伤之外读到陆游作为儿子奉命的无奈和作为男子忠贞不渝的儿女情长。

真好！他们能用自己的方式读到一个血肉丰满的陆游。

读诗，亦读人，越读越开阔。

这是老师的期望，文学的期望。

（三）

上完《示儿》回办公室批阅作业，超月说：“本想在这堂课的拓展环节安排学生读读陆游的其他诗作，但又觉得好像冲淡这堂课的教学目标了，教师用书上说，本单元只要了解‘爱国诗人’陆游，我不知道如何是好。”

我说，今天课堂上自主交流环节中，李嘉怡讲了陆游和唐婉的故事，刘以铭讲了陆游“六十年间万首诗”。我只布置了预习，对于诗人，他们已经开始在“爱国”之外有了自己的认识。

孩子在长大，他们自己会抵达——老师，需要有这样的坚信。

翻看教师用书的单元目标和教学目标，我能理解 90 后超月老师的收敛与小心，只是，“教学目标”之外还有更珍贵的目标，“爱国诗人”之前，他是一位诗人。

思索之际，晚上再读《中国古典诗词感发》，顾随老先生说：

今天要说放翁诗有希望、有理想的，但他的理想未能实现，希望也成水月镜花，如此则弱者每流于伤感、悲哀，强者则成愤慨、激昂。放翁偏于后者，且由愤慨走向自暴自弃。放翁有自暴自弃的心情，此心情甚有趣：

拂剑当年气吐虹，喑呜坐觉朔庭空。

早知壮志成痴绝，悔不藏名万衲中。

再忆叶嘉莹先生所言：放翁虽非伟大诗人，而确是真实诗人，忠实于自己的感情，故其诗有激昂，也有颓废，有忙迫，也有缓迟。

我愿意告诉孩子，爱国背后，是一个更寻常更生活化的陆游……

（四）

“有些诗人写了无数首诗，却很少有人记住，例如，乾隆皇帝一生写了四万多首诗，却没有一首受到人们的赞扬。但是林升一生只写了两首诗，却能够……却能够……”李嘉怡说到这里有点语塞，有点着急。

“名扬四海？”同桌尝试补充。

“也不是名扬四海……就是过去了很多年，直到今天，我们依然都在读他的这两首诗。”

“千古流传？”甜甜说。

“是的是的，就是千古流传，一直流传到今天，还流传进了我们的语文课本里面。”李嘉怡兴奋地肯定道——李嘉怡爱读书，书读多了，对表达就有要求了，就会寻求更好的表达。

其实，昨天布置预习《古诗三首》时，没有提过细的预习要求。

李嘉怡关于诗作的“多与少”，这是预习之外的预习。孩子们五年级了，给他们一个方向，让他们自行前往，他们总能看到一些不一样的景象。

“那是一个可以安享太平生活的时代么？”

北宋靖康元年，金人攻陷了汴梁，北宋灭亡。皇室宗亲赵构和幸存的一些王公贵族逃到了江南，在金兵的追击下，一路颠沛流离，四处逃窜，后来金兵暂停南侵，方勉强站稳脚跟，定都于临安，也就是现在的杭州。可是，南宋的统治者既没有从北宋亡国的惨痛教训中发愤图强，也没有吸纳吴越之地卧薪尝胆的奋斗精神，而是——

我停下来，在黑板上写下一个词——偏安一隅。

“偏安一隅——说说你的理解。”我停下讲述，希望大家都参与。

“我正在看《射雕英雄传》，刚好看到书中好像说过‘南宋皇帝不以丢失国土为耻，退到临安偏安一隅，醉生梦死’。”刘以铭欣喜地回答。

还是那句话：书读多了，就会有越来越多的“刚好看见”。

南宋朝廷开始“偏安一隅”，很快就在这“人间天堂”中腐败堕落了。全城上下大肆营建各种宫殿、亭台楼阁，加上当地秀美的江南风光、西湖美景，使得杭州比当年北宋都城汴州更加适合安享太平的生活。

殊不知，风景虽好，却没有遇到适合的时代。

林升的这首《题临安邸》，就写在这个本不该享受而大家却都在拼命享受的时刻。

“猜猜，当时写下的诗，会带有诗人什么样的情绪？”

问题即出，课堂归静。

未入诗之前的猜，是需要静静思索的。我愿意为这样的思索而等待——

“应该会有‘惋惜’的情绪。”

“应该还有‘愤怒’的情绪。”

“可能还有‘讽刺’。”

……

那就去读诗文吧。

“山外青山楼外楼，西湖歌舞几时休？……”

“山外青山楼外楼，西湖歌舞几时休？……”

“山外青山楼外楼，西湖歌舞几时休？……”

一遍一遍诵读，孩子们的情绪由平和到激越。

千年后的追问，在童声的音韵里布满穿透的力量。

“‘山外青山楼外楼’是一种什么感觉？”我在景物的描写中作一点追问。

“从一座座山和一栋栋楼望过去，似乎给人一种无穷无尽的感觉。”子勋不假思索地回答。

“第二句‘西湖歌舞几时休’是个疑问句，在问这西湖边上的歌舞什么时候能停止呀？也就是说，这里的歌舞好像从来也没停歇过。”

“山外青山楼外楼，西湖歌舞几时休？”

“山外青山楼外楼，西湖歌舞几时休？”

这是诗人的愤恨，这是诗人的讽刺——山外青山楼外楼，似乎要无穷无尽地连接下去，但这可能吗？

“不可能！”

——确实不可能！不过是个错觉。这个错觉又是从哪里产生的呢？就从西湖这块能让人醉了的地方产生。躲过了金兵的追击，躲过了沙场与胡尘，眼前的江南青山江南楼，似乎有了无限的太平感。这是真实的吗？这不是真实的！

这只是暖风里，真实的醉意。

备课时预设好的“乐景哀情”没有讲了，但一切似乎都发生过了。下课。

己亥年的诗

10 月 17 日　星期四

农历九月的校园，由秋凉至秋寒的渐变，开始在教室前的银杏上显露痕迹。

晨读复习——

十二地支：子丑寅卯　辰巳午未　申酉戌亥

对应十二生肖：子鼠丑牛寅虎卯兔　辰龙巳蛇午马未羊　申猴酉鸡戌狗亥猪

二年级语文教材中日积月累的内容，每个孩子都能朗朗背诵，音韵节奏里，眉宇间，飞扬着隐隐的自豪。那再读点相关的吧，我在黑板上写下：

甲乙丙丁戊己庚辛壬癸

“这是什么？”

“这是一种排序的方法吧，我以前去过一个乡下学校，那所学校每个年级的班级都叫甲班、乙班、丙班。”不太爱发言的周诗泉轻轻地说。

“那如果那所学校每个年级班级超过十个，该怎么往下排呢？”万安之向周诗泉发问，他的思维总会时不时到达课堂之外。

我不知该如何回答，也不知道周诗泉会如何回答——只见周诗泉站起来，悠悠地说：“乡下的学校，不会有那么多班级。”

这算回答吗？当然——乡村，有乡村的节序。

黑板上补充三个大字“十天干”，齐读：

十天干：甲乙丙丁戊己庚辛壬癸

万物长于地，但万物的荣盛兴衰却离不开天。干象天而支象地，于是便有了十天干和十二地支。万事万物，自古便有分工，如同天干承载天之道，地支承载地之道。

十天干和十二地支依次相配，组成六十个基本单位，这是远古时代历法和岁时的雏形。

教室里瞬间欢腾——有数着手指和同桌一起算的，有独自在草稿本上一一对应的，甲子，乙丑，丙寅，丁卯……己亥！

“哇，原来日历中的什么年是这样来的！”

一阵算下来，不知哪个角落里突然冒出一声“己亥”！

“哦，原来‘己亥杂诗’的‘己亥’是这样来的……”

一片欢喜的嚷嚷中，寻到了“己亥”的源头。

“杂诗”的源头呢？那就寻诗而去吧。

己亥杂诗

（清）龚自珍

九州生气恃风雷，万马齐喑究可哀。
我劝天公重抖擞，不拘一格降人材。

朗读，多种形式，一遍一遍，大部分能背诵了。五年级了，我们总会走到诗的背后——

在三个甲子之前的己亥年，四十八岁的龚自珍面临着重大的转折。他的叔父当了高官，成了他的上司。按照官场规则，他必须避嫌。在这种情况下，他选择回乡。他离开北京，整个精神状态一下子就被打开了。他看着祖国的大好河山，思绪万千，即兴写下了一首又一首诗，于是诞生了《己亥杂诗》，一共三百一十五首。南下途中遇道士祈雨，道士听说大诗人龚自珍来了，请他写醮词，他大笔一挥："九州生气恃风雷，万马齐喑究可哀。"

"诗中写出了那个己亥年的现实，你读到了吗？"

"当时的现实应该是万马齐喑，没有一点生气的。"

"当时的现实应该是死气沉沉的。"

"所以诗人指出，要改变这种沉闷的现状，就必须依靠风雷激荡般的巨大力量，才能使中国变得生机勃勃。"

"这种力量来自哪儿？"

"这样的力量来源于人材。"

再读，便有了不一样的力量：我劝天公重抖擞，不拘一格降人材。

这是诗人用奇特的想象释放他热烈的希望。

下课！

昨晚再次翻读《己亥：余世存读龚自珍》至深夜，感叹余老师与龚自珍生命对照——四十八岁，龚自珍走在离京回乡的路上；四十八岁，余世存在京郊的寓所动手集龚诗，四十八岁，是龚自珍的己亥之年；五十岁，是余世存的己亥之年。

今年也是己亥年。我和孩子们一起读过往的己亥年。

还有己亥年的诗。

听一曲《少年中国说》

10 月 21 日　星期一

（一）晨读：《星星变奏曲》

周一有升旗仪式，晨读只有十分钟。今天孩子们读江河的《星星变奏曲》。

如果大地的每个角落都充满了光明
谁还需要星星，谁还会
在夜里凝望
寻找遥远的安慰
……

窗外晨雾还没散去，蒙蒙中，孩子们悠悠地读着，仿佛有古老的变奏曲的节奏。

白色朗读，只是一遍一遍地读，不做解释。

“最喜欢哪一节，说出理由来，向老师就为你朗读一遍。”

谁不愿意，有一个柔软的晚上
柔软得像一片湖
萤火虫和星星在睡莲丛中游动

“第一遍读这一节感觉很美好，但是刚才多读几遍之后就感觉好像诗人其实并没有拥有这样美好的晚上，所以才说‘谁不愿意’啊，这里满是诗人的向往，我喜欢这一节！”张汐铮读得细腻。反复读，才会有不同的感受。

我重读了这一节。我简单地告诉孩子们：诗人渴望柔软的夜晚，渴望鸟满枝头的春天，因为诗人经历了黑暗。不同的时代背景下，总会诞生不同的诗作。在二十世纪八十年代，有一群诗人，他们对光明世界有着强烈的渴求，他们的诗中有很多我们熟悉的意象，星星、春天、树林、飞鸟、湖泊……他们有个共同的名字——“朦胧派诗人”。

（二）《少年中国说》

晨读结束，课间休息，孩子们整理作业，我在黑板上写下三个字：梁启超。

上周五的语文作业是：（1）查阅资料了解梁启超及《少年中国说》；（2）朗读《少年中国说》。

上课。首先交流各自的周末作业，目的是了解孩子们知道了什么。自己能够知道的，就不需要我说了。

“《少年中国说》是梁启超先生原作《少年中国说》的节选，原文有三千七百多字，课文仅仅是原文的第十自然段中的一部分，我们课文中的三个自然段应该是编教材的老师自己分的，因为原文中没有这样分。”有对比、有推测地查阅资料，真好。

“我觉得要学习这篇课文必须要先读原文，因为课文是以‘故’这个字开头的，‘故’在这里是因此、所以的意思。作者其实在‘故’之前还写了很多内容，做了对比，然后才说‘故今日之责任全在我少年——”刘以铭把我预设的需要引导理解的内容说得很清楚了。

是的，只有了解了原文，对比了“老朽”与“少年”的不同气象和担当，才会顺势有了“故”后面酣畅淋漓的议论、想象和强烈的抒怀。只有对比了“老朽”与“少年”的不同担当，才能感受到少年对于创造一个新兴中国的无比重要性。第一段直接抒情，直接感怀，语言形式简单，意思浅白，几乎没有文言文的痕迹。

于是，朗读，一遍又一遍。

第二段呈现了一个画面，先解释词意，再齐声朗读，站起来朗读，配乐朗读，四言一句，读出诗文的气韵，读出诗文中比喻、排比手法的自如，读出诗文的气势如虹，读出诗文的朝气与振奋。

“说说你们朗读此篇文章的感受？”

“读这篇文章让我感觉特别兴奋，这使我想起了我看过的电影《厉害了，我的国》，于是，越读越有气势。”李骏驰朗读的感觉确实是越读越有气势。气势感受到了，文章也就快读懂了。我补充了一句：“用朗读来表达自己对文章的理解，也是一种很好的方式。”

“文中的这些具体事物，让我感觉祖国山河特别壮丽、特别自豪。”罗梓涵说。

于是，纷纷说开，有从内容理解上表达的，有从节奏韵律上谈论的，也有读得深的读到了情感的共鸣。

用一篇文章让大家体会“读书百遍，其义自见”的喜悦。如果我们要去体会文章内在的情感，只需要反复朗读，把它读熟了，情感自然就体会了，其余的无须多说。我只补充了一点点：这种特殊的古文叫四六文，也叫骈文，常用四个字与六个字相间构成句子，骈文读起来很有节奏感，音律很美。

那么，回到标题——

根据字典中“说”的义项判断“少年中国说”中的“说”是什么意思。

当然，除此之外，还需要读到文章的深处。

说说自己是怎样理解“少年中国”的？

“我读了原文，还看了一些资料，当时日本人与欧洲人称中国为老大帝国，也就是即将衰败的国家。然而，在梁启超的心中，中国却是一个少年。因此，梁启超写这篇文章，为了告诉世人：中国还是一个少年。”韩宗儒对资料的运用能力是最强的。

于是，关于“红日初升”，关于“河出伏流”，关于“潜龙腾渊”，还有“乳虎啸谷”……这些充满生机和力量的形象，便是“少年”的最好注解。

作者心中的少年中国是一个智慧、富有、强大、独立、自由、进步、胜于欧洲、雄于地球的中国，是一个不断崛起、生活幸福美好、前程似锦的东方巨人。想到这里，作者不禁赞叹——

在文章中走了个来回，再读“美哉——”“壮哉——”，便多了一份对少年中国的向往和对中国少年的赞美。

“关于《少年中国说》还有哪里不懂的或者特别想和大家分享的吗？”临近下课时，我总会抛出一个没有任何预设答案的问题。

“向老师，我们想听一曲张杰唱的《少年中国说》，可以吗？”万安之的提问是我没有想到的，这首歌也是我没有听过的。

好吧，打开网络搜索，正好一起听听。

全班欢呼，我也心生几分期待——想看看歌手演绎的《少年中国说》。

视频打开，首先是一群意气风发的孩子铿锵有力的朗诵，年轻稚嫩的面庞上，有着坚定的目光，仿佛在向梁启超喊话——你听，我们就是您百年前期待的栋梁。

张杰一开口，全班欢腾，一起高唱，一个个意气风发，慷慨激昂，恍惚间，梁启超笔下拯救中国的少年似乎跃然我眼前。

“少年自有少年狂，心似骄阳万丈光……”

古风的曲调，听似柔和，却充满着韧性。

语文学习，能从教材中走出来，多好。

世界，都是语文的教材。

一起来读一封信

10月22日　星期二　晴

（一）晨读：《归雁》

秋风始起。

晨读是钱起的七绝《归雁》，齐读几遍，大部分同学已经能背诵。

齐读的好处，就是给每一个孩子无限的安全感。

第一节语文课，《归雁》在黑板一角，不会背诵的看着读，会背诵的同学骄傲地目不斜视。

归　雁

（唐）钱起

潇湘何事等闲回？水碧沙明两岸苔。

二十五弦弹夜月，不胜清怨却飞来。

“潇湘何事等闲回？”你为何如此轻易地从潇水、湘江那样美丽的地方回来呢？这是作者的问。问谁？

“问归来的大雁。”

“会不会是借大雁说人呢？”黄一仓是在发问，也是在表述自己对诗的理解。五年级了，开始对诗中的意象有感悟了。

诗咏“归雁”，雁是候鸟，深秋飞到南方过冬，春暖又飞回北方。古人认为，它们飞到湖南衡阳的回雁峰，就不再南飞，到第二年春暖花开的时候，又向北返回。诗人想象的归雁是从潇湘飞来的，所以要询问归雁为什么舍得离开那环境优美、水草丰盛的潇湘而回来。

“潇湘何事等闲回？”

是不是湘江女神在月夜下鼓瑟，那瑟声太凄凉哀怨，大雁不忍再听下去，才飞回北方的？

“潇湘何事等闲回？”到底是为什么？

此时，问到即可。

（二）《圆明园的毁灭》

今天两节课，准备学完《圆明园的毁灭》。

昨天已经布置了自行查阅资料了解圆明园。这个单元的目标是查找资料，根据一些资料来体会内容、情感。

每一首诗，每一个故事，放进一定的历史背景中，便有了来路。

用搜索引擎搜索，网上关于圆明园的资料千千万万，凡说到圆明园的，都会说到“毁灭”。

课前，放眼望去，个个桌上都摆出了“圆明园”的相关资料，有打印的，有摘抄的，还有带了书来的。

资料如何变为资源呢？

入课，读课题，重音在“毁灭”一词。

读第一自然段，齐读，互相读，互相学习，多好呀！

林奕孜说：“圆明园的价值是中国文化史上不可估量的，也是世界文化史上不可估量的！”

很多文章，都可以像这样，读懂题目，关注开头和结尾，就能大致把握主要内容。

读到了这一层，我们便可继续往下读了。

既然它有不可估量的价值，我们必须先要走进去看看，它究竟有些什么？

走进去，就得把文章读细。细读，可以从词语开始——

金碧辉煌　玲珑剔透
殿堂　　　瑶台
安澜园　　狮子林
平湖秋月　武陵春色
不可估量　化为灰烬

内容、画面、思考，都从这组词语出发。

圆明园究竟是什么样子的？可以把你们昨天查阅的资料变为资源了，说说你们的了解，自由表达，老规矩，课文中可以读到的不用说。

于是，纷纷描述，关于圆明园的大、圆明园的美，惊艳无比，丰富具体，有些是我的记忆中、备课中有的，也有些史料是我第一次听说。

“圆明园最初是康熙帝给皇子的赐园，前后经历了几任皇帝一百五十余年的修建。”赖慧梓最先开头。

“历史书上说，关于圆明园的修建，还有一个很重要的原因。由于清朝统治者入关以前在东北那边过着打鱼狩猎的生活，那边气候凉爽，入关后，对北京干燥的气候不适应。另外他们有些厌倦宫廷生活，于是，他们开始想办法修建圆明园。”刘以铭补充道。

“圆明园占地约 350 万平方米，总面积等于 8.5 个紫禁城。”听到“8.5 个紫禁城”，不禁有人唏嘘。

圆明园的辉煌美景，课文中已经描述。“圆明园中，有金碧辉煌的殿堂，也有玲珑剔透的亭台楼阁；有象征着热闹街市的‘买卖街’，也有象征着田园风光的山乡村野。园中许多景物都是仿照各地名胜建造的，如海宁的安澜园、苏州的狮子林、杭州西湖的平湖秋月；还有很多景物是根据古代文人的诗情画意建造的，如蓬岛瑶台、武陵春色。”

李骏驰的朗读似乎读出了盛景的画面。

《圆明园四十景图咏》，是根据乾隆皇帝的旨意，于乾隆九年（1744年）由宫廷画师唐岱等绘制而成的四十幅绢本彩绘的分景图，以及各幅分别附有工部尚书汪由敦所书乾隆《四十景对题诗》，字体一律为大臣奏章所用的宫廷管和体。全图咏分为上下两册，奉旨正式安设于圆明园奉三无私殿呈览，人称殿本彩图。

“清朝乾隆年间，由宫廷画师根据圆明园著名景群绘制了圆明园的四十景图，画成之后，由乾隆亲自题诗。”韩宗儒说。

是的，圆明园的绝佳盛景，单从圆明园四十景名就可以看出，调出课件中用于拓展的内容，我们一起朗读吧：

正大光明、勤政亲贤、九洲清晏、镂月开云、天然图画、碧桐书院、慈云普护、上下天光、杏花春馆、坦坦荡荡、茹古涵今、长春仙馆、万方安和、武陵春色、山高水长、月地云居、鸿慈永祜、汇芳书院、日天琳宇、澹泊宁静、映水兰香、水木明瑟、濂溪乐处、多稼如云、鱼跃鸢飞、北远山村、西峰秀色、四宜书屋、方壶胜境、澡身浴德、平湖秋月、蓬岛瑶台、接秀山房、别有洞天、夹镜鸣琴、涵虚朗鉴、廓然大公、坐石临流、曲院风荷、洞天深处。

山水庭院，天上人间，中国文化里的美好，无不在圆明园中。

如此美好，却遭遇了——毁灭！

自读课文，在文字中面对曾经的毁灭吧。课文最后一段，几句话的描述，字字泣血。

读完了，不做分析，只说感受——

“愤怒！”

“无奈！”

“痛心……”万安之紧握双拳，简单一个词，饱含力量。

圆明园被毁灭并不是三天的事情，清朝腐败，统治者只顾自己享乐，人民对国家失去希望。第一次是英法联军抢掠；1900年，八国联军再一次进行抢掠。圆明园被抢，是中国文化的损失；被毁灭，是世界文化的损失。它触痛了中国人的心，也触痛了有良知的世界人的心，一起来读一封信。

雨果致巴特雷上尉的一封信

先生，你征求我对远征中国的看法。你认为这次远征行动干得体面而漂亮。你如此重视我的想法，真是太客气了。在你看来，这次在维多利亚女王和拿破仑皇帝旗号下进行的远征中国的行动是法兰西和英格兰共享之荣耀。你希望知道我认为可在多大程度上对英法的这一胜利表示赞同。

既然你想知道，那么下面就是我的看法：

在地球上某个地方，曾经有一个世界奇迹，它的名字叫圆明园。艺术有两个原则：理念和梦幻。理念产生了西方艺术，梦幻产生了东方艺术。如同巴特农神庙是理念艺术的代表一样，圆明园是梦幻艺术的代表。它荟萃了一个民族的几乎是超人类的想象力所创作的全部成果。与巴特农不同的是，圆明园不但是一个绝无仅有、举世无双的杰作，而且堪称梦幻艺术之崇高典范——如果梦幻可以有典范的话。你可以去想象一个你无法用语言描绘的、仙境般的建筑，那就是圆明园。这梦幻奇景是用大理石、汉白玉、青铜和瓷器建成的，雪松木作梁，以宝石点缀，以丝绸覆盖；祭台、闺房分布其中，诸神众鬼就位于内，彩釉熠熠，金碧生辉。在颇具诗人气质的能工巧匠创造出的天方夜谭般的仙境之后，再加上花园、水池及水雾弥漫的喷泉，悠闲信步的天鹅、白鹮和孔雀。一言以蔽之：这是一个以宫殿、庙宇形式表现出的充满人类神奇幻想的、夺目耀眼的宝洞。这就是圆明园。它是靠两代人的长期辛劳才问世的。这座宛如城市、跨世纪的建筑是为谁而建？是为世界人民。因为历史的结晶是属于全人类的。世界上的艺术家、诗人、哲学家都知道有个圆明园，伏尔泰现在还提起它。人们常说：希腊有巴特农神庙，埃及有金字塔，罗马有斗兽场，巴黎有圣母院，东方有圆明园。尽管有人不曾见过它，但都梦想着它。这是一个震撼人心的、尚不被外人熟知的杰作，就像在黄昏中，从欧洲文明的地平线上看到的遥远的亚洲文明的倩影。

这个奇迹现已不复存在。

一天，两个强盗走进了圆明园，一个抢掠，一个放火。可以说，胜利是偷盗者的胜利，两个胜利者一起彻底毁灭了圆明园，人们仿佛又看到了因将巴特农拆运回英国而臭名远扬的埃尔金的名字。

当初在巴特农所发生的事情又在圆明园重演了，而且这次干得更凶、更彻底，以至于片瓦不留。我们所有教堂的所有珍品加起来也抵不上这座神奇无比、光彩夺目的东方博物馆。那里不仅有艺术珍品，而且还有数不胜数的金银财宝。多么伟大的功绩！多么丰硕的意外横财！这两个胜利者一个装满了口袋，另一个装满了钱柜，然后勾肩搭背，眉开眼笑地回到了欧洲。这就是两个强盗的故事。

我们欧洲人自认为是文明人，而在我们眼里，中国人是野蛮人，可这就是文明人对野蛮人的所作所为。

在历史面前，这两个强盗分别叫作法兰西和英吉利。但我要抗议，而且我感谢你给我提供了这样一个机会。统治者犯的罪并不是被统治者的错，政府有时会成为强盗，但人民永远也不会。

法兰西帝国将一半战利品装入了自己的腰包，而且现在还俨然以主人自居，炫耀从圆明园抢来的精美绝伦的古董。我希望有一天，法兰西能够脱胎换骨，洗心革面，将这不义之财归还给被抢掠的中国。

在此之前，我谨做证：发生了一场偷盗，作案者是两个强盗。

先生，这就是我对远征中国的赞美之辞。

（选自《西方人眼中的圆明园》，张恩荫、杨来运编著，对外经济贸易大学出版社，2000 年版）

在法国人雨果的眼里，这座圆明园的美简直是无法用语言形容的！圆明园里原来拥有的那些“梦幻奇景”，是劳动人民创造的“瑰宝”和“精华”，是祖国的，乃至世界的什么？

“奇迹。”

“遗产。”

“艺术品。”

“文化！”

是的，文化。不是一个阶段的，是上自先秦下至清朝，是中国的、世界的文化，是山水湖泊文化，是亭台楼阁文化，是宫廷民间文化，是文化，也是文化史！

齐读：圆明园的毁灭是中国文化史上不可估量的损失，也是世界文化史上不可估量的损失！

再读，已无需任何情感指导——“1860 年 10 月 6 日，英法联军侵入北京，闯进圆明园。他们把园内凡是能拿走的东西，统统掠走；拿不动的，就用大车或牲口搬运；实在运不走的，就任意破坏、毁掉。为了销毁罪证，10 月 18 日和 19 日，三千多名侵略者奉命在园内放火。大火连烧三天，烟云笼罩了整个北京城。我国这一园林艺术的瑰宝、建筑艺术的精华，就这样化为一片灰烬。”

所以啊，“圆明园的毁灭是中国文化史上不可估量的损失，也是世界文化史上不可估量的损失”！

从英法联军闯进圆明园的那一刻起，这份无奈，这份难过，这份痛心，一直伴随着我们。一百多年来，圆明园里的残垣断壁，依然在呜咽地讲述着这个故事。从你们的表情、你们朗读的语气、你们的眼神里可以看出你们的难过。今天，我们只走进故事、只走进历史是不完整的，也许以后，走在圆明园的废墟里，你会怎么想？

“如果我是一位普普通通的老百姓，我只能站在废墟里慢慢地回想以前的壮观，遥想曾经的盛景……然后，希望祖国强大，因为落后就要挨打。”

“如果我生在那个年代，我是皇帝或者是重要的大臣，我会调动全国之力，去保护圆明园。”

……

圆明园已经毁灭，圆明园已经作为遗址留在了我们的面前。我们作为一个中国人，不该被毁灭的是什么？

“尊严！”

“智慧！”

“奋勇！”

“强国的梦想！”

……

下课。

蒹葭　小岛

10 月 24 日　星期四　霜降　晴

（一）晨读：《蒹葭》

今日霜降，这是秋季的最后一个节气，仿佛秋天最后的乐章。

校园里的桂花迟开了。此时，教室窗前的桂树，还有丝丝被秋天遗落的幽香，淡淡的，在不经意间飘来，待你想细嗅，似乎又无踪迹。想起，黄耀红老师曾在《天地有节》中写道：“站在南方的桂花树下，霜降，还只是遥远的北国消息。”

课前诵读已经成常态，孩子们会在前一天放学时，在黑板上写下第二天要诵读的古诗，一天一人，一人一首。走过了多少日子，就读了多少日子的诗。那天，我在课堂上说，我们每一天都读了一首诗，“日有所诵”里，有我们的足迹。

刘以铭说：“我们是真正把日子过成诗了。”

昨天提醒了赖慧梓今天是秋天的最后一个节气，我们可以过节，你们自由选择明天早上要读的诗。

赖慧梓说：“好的，明白了。”微微一笑，上扬的嘴角告诉我，她明白了——因为，以往的每一个节气，我们都读了特别的诗。

七点四十分来到教室，几个早到的孩子自己在轻轻诵读。抬头见黑板一角工整地写着《蒹葭》，黑板中间用彩色粉笔写了大大的“霜降”二字，边缘还点缀了几片飘落的树叶，如同迎接一个盛大的节日。

那就先聊聊“霜降”吧。

霜降，是秋天的最后一次回眸。

城里长大的孩子，是没有见过晚稻在野、晨起有霜、远山红黄的日常的，偶尔周末爬山郊游看到的秋景，终究是过眼而难入心的。

生活里没有经历的，就靠文字抵达。

于是，告诉孩子们，霜降的三候：一候豺乃祭兽。在霜降日这天，山林中的豺狼，在猎杀到小兽之后，并不会马上撕咬进食，而是会将所有猎物逐一成列，摆成一排，仿佛在祭祀金秋、感恩万物。在先民的眼中，丛林鸟兽也有这样的天性。二候草木黄落。深秋将逝，梧桐声响，木叶飘零。三候蛰虫咸俯。虫鸟皆低头休眠，毅然走向潜藏的寒冬。

文字深处，便是诗歌。

蒹葭苍苍，白露为霜。
所谓伊人，在水一方。
溯洄从之，道阻且长。
溯游从之，宛在水中央。

蒹葭萋萋，白露未晞。
所谓伊人，在水之湄。
溯洄从之，道阻且跻。
溯游从之，宛在水中坻。

蒹葭采采，白露未已。
所谓伊人，在水之涘。
溯洄从之，道阻且右。
溯游从之，宛在水中沚。

——选自《诗经·秦风·蒹葭》

孩子们陆续进教室，开始诵读。一遍，又一遍，在读中慢慢感受“ang”韵的苍茫，“i”韵的悠长与深情，思绪飘向远方。

“蒹葭苍苍，白露为霜”，这是黎明前的黑暗、太阳将升之时的景象。一句“白露为霜”，给整首诗抹上了清冷的颜色，凝结在芦苇叶上的白霜，一颗一颗还没有化去，随着太阳慢慢升起，芦苇上的露水从“为霜”“未晞”“未已”一点一点融化，最终会消失得无影无踪。

秋风掠过南国的窗前，读着读着，隐约中，仿佛听到芦苇的叶子相互摩挲，在秋天的早上，发出“苍苍”“萋萋”“采采”的声音，这声音在一个萧索的秋天，伴着一位淡淡忧伤的少年，他的伊人，在水一方。

“什么是伊人？”课间，万安之一边整理讲台上的作业一边问。

“就是心爱的人。”

“就是想念的人。”

“就是天天在一起玩，没在一起玩就很想在一起玩的人。”

……这是教室里此起彼伏的回答。

什么是伊人？没有像孩子一样认真地追问过。

只是，此刻，想起南宋严羽讲过一个传说：猎人打猎时会追逐羚羊的蹄印，走着走着蹄印不见了，猎人压根儿也不会想到羚羊会一跃而起，将羊角挂在树枝上，只留下一个无迹可寻的世界（严羽《沧浪诗话》）。那一串羚羊的蹄印，就好比《蒹葭》中苍苍的芦苇、晶莹的白露、梦幻的“伊人”，我们一路追随，却到了一个唯美空灵的幻境。

这些，自不必说。

时间，会给予他们礼物——

给嘴角上扬的赖慧梓，给这个用粉笔画出飘落黄叶的孩子，给追问“什么是伊人”的少年……

还有天地之间，万物生灵。

（二）小岛

下午两节语文课。

课前齐背《蒹葭》，“蒹葭苍苍，白露为霜。所谓伊人，在水一方……”窗外秋阳斜照，窗内音韵流转。

今天学习《小岛》。

《小岛》是一篇蛮长的文章，又是略读课，它并没有非常明确的讲清将军到底是谁，这个小岛到底在哪里，所以无法从查找资料的角度来帮助我们理解课文。

这是短篇小说文体的特点。作为爱国主题单元的文章，教材及编者都未提及文章的文体特点，但这一点是绕不过去的。

想起那一次学《桥》，孩子们曾试图通过各种途径查阅“老汉是哪里人”“这次事件的发生地在哪里”……后来，和孩子们聊了小说的文体特点。

今天，需要继续聊。

于是，先走出单元主题，走进教材没有提及的作者背景、短篇小说文体，站在别处看看这篇课文——

于是，有关军旅作家陆颖墨，有关祖国南端的三沙群岛，还有作者的其他一些短篇小说《归航》《白丁香》，都和同学们聊聊。

既然在教材中遇见，就让遇见变得丰富、饱满。

不只是今天这一次的学习，也是语文学习的姿态。

我的学生也是如此。上课前，我和孩子们聊海滩，畅叙海上娱乐场的自由自在。我从孩子们的眼里读到了羡慕之情，看到了快乐之光。他们对海岛充满了向往与回味。

今天学的这篇课文《小岛》，会给孩子们留下怎样的感受呢？我充满期待。

《小岛》是一篇略读课文。教学略读课文有它自己的特点，比精读课文还应该注重学生的学，重在让学生用前两篇课文学到的技巧进行语言实践。本单元的学习重点是结合资料，体会课文所表达的思想感情以及学习列提纲，分段叙述。《小岛》的课前提示语为：默读课文，用将军的口吻，讲述登上小岛后发生的故事。结合资料，了解我国守岛部队的生活，说说你对课文最后一个自然段的理解。

显然，第一个要求是语文工具性的要求的体现。要讲故事，就得理清课文的脉络。理清脉络最好的方法之一，就是列小标题，写出《小岛》所讲故事的提纲。第二个要求则是体会课文所表达的思想感情。

五年级的学生，经过前两篇课文的学习，用列提纲的方式逐层讲出课文的主要内容，基本上不成问题。课堂上，让学生自主阅读后，写出自己的叙述提纲，然后在四人学习小组里交流，每个人都以将军的口吻，以第一人称的方式讲述一遍故事。每个人限时两分钟，把主要内容和令“将军”感动的细节说出来。

点评完学生的讲述后，我们开始梳理课文中的情感，从文字中感悟部队的守岛生活，体会语言文字的文学魅力。不知不觉中，我们又进入“我的文学语文”中了。

“刚才大家以将军的口吻讲述了自己的见闻，你认为什么地方打动了将军？为什么？”我兴致勃勃地把这个问题抛给同学们，希望大家能从具体的文字和自己讲故事时的感受来说说自己的独特理解。

或许问题比较简单，全班约有一半以上的同学举起了手。

“我认为打动将军的地方是大家一致认为将军的身体不大好，又上了年纪，必须给他上一盘白菜，更重要的是‘大家不是把您看成首长，而是一个长辈’。”周诗泉首先说道。

“我在读课文时，发现将军看到那块菜地被揭开油布后，菜地中的绿色竟构成了一幅中国地图。我从‘将军在心里一阵沉吟，凝视着那片绿色’感受到的。”李骏驰说。

“你能借用这句话把将军的心情读出来吗？”我顺势提了个要求。

李骏驰没有辜负大家的期待，读出了将军此时沉重的心情。

“有认同这句话表达出将军的心情的吗？”

全体同学举起了手。

“来，我们一起读出将军的心情，再读这句话。”

同学们读完后，我继续问道：“联系上下文，你们说说，将军此时想到了什么？为什么会有内心的沉吟和眼睛的凝视呢？”

“他想到，战士们把菜地种成了地图，天天可以看到，战士们心中有祖国！”

“他想到，这些土都是战士们从家乡背来的，那多辛苦呀！”

“我认为当将军听到小岛上种菜的土是战士们从家乡背来的时候，他也是感动过的。”

“或许将军想，祖国边疆，有这一群战士们坚守，祖国一定永远平安。”

“我认为将军在为战士们分菜汤时也被感动了。”杨同学平时喜欢阅读，阅读能力比较强。他这样说了后，其他同学露出了惊讶的样子。

“为什么？”我问。

“文中说，将军为战士们分发菜汤时，他‘看到不少人的眼角有些晶亮，自己的鼻子又开始发酸’。如果不被感动，鼻子是不会发酸的。”

“你有过鼻子发酸的感受吗？”我追问道。

“有！”杨宇轩坚定地回答道，“有一次，我生病了，看到妈妈为我着急的样子，我当时不知怎么了，鼻子就酸了一下。”杨宇轩六岁那年生病，他的心中珍藏着妈妈点点滴滴的爱。

“还有吗？”

坐在教室最后面的唯真站了起来：“将军想，守在边疆的战士们非常聪明，能在这里开辟出一片绿地，种蔬菜。”话音刚落，就引来同学们的笑声。

我立即说道：“同学们，不要笑，这里的战士确实聪明，他们不仅解决了战士们的思乡之情，小岛上的孤寂，还通过自己的劳动解决了蔬菜问题，虽然不多，但也能补充一点。”我望了望他们，继续说道，“文中将军不是说要推广这种做法吗？”

文字是情感的载体，写文章是把情感变成文字，阅读则是把文字变回情感，从文字中读出作者想要表达的情感，与作者交流，与文章中的人物进行交流。

听完同学们的发言，我接着与他们聊了起来。

“将军是被感动了。你被将军感动了吗？被岛上的战士感动了吗？”我接着问道。

唯真继续说道："战士们从家乡背来土，那是多么麻烦的事情呀！肯定不是背一点点，要不然成不了一块大菜地。我真佩服他们！"

"我被将军感动了，将军他本来可以吃那盘白菜的，他却分给了战士们，还为大家分汤。"

"我也被将军感动了，他本来可以到军舰上吃饭睡觉的，可是他仍然要和战士们同吃同住。"

"我被战士们感动了，他们种菜都要种出中国地图的样子。"

"战士们没有蔬菜吃，许多战士上岛一段时间后，就牙龈溃烂，嘴里起泡。还得天天吃罐头，那多难受呀！"

孩子们你一言，我一语，闲谈间，便是在用心与将军对话，与战士们对话。

这时，我发现有一个孩子举起手后，又悄悄放下，好像有话要说。她叫予星，平时不爱说话，今天看样子是有话要说，并且与其他同学的观点可能不一样。于是，我看了她一眼，告诉她："我想听听你的想法。"

予星拘谨地站了起来，望了望身边的同学，回答道："我被战士们感动了！他们守的小岛非常小，小到不到十分钟就能走一圈。这样小的一个岛，可能跟我们学校差不多大。他们竟然要长期驻扎在这里，并且这里的树少、草少，土也少。"予星看了看我，接着说道："士兵们驻扎在这样一个地方，那多无聊呀！"

同学们听完，都默默地互相看了看，也许是赞同她的观点吧。

"是啊，他们会无聊，他们很艰辛，尽管如此，他们为什么还要守在那里呢？"我语调向上提了些。

"战士们把将军当成了他们的长辈，战士们守护的不仅仅是国家，更是自己的家园。将军也把战士们当成了自己的孩子。"

再读——

"他向着太阳，向着那片绿色，也向着小岛，行了一个标准的军礼。"

“此时此刻，你又理解将军为什么敬礼吗？”

同学们的答案有很多，有的说，他希望战士们保护好那片绿色；有的说，他希望祖国永远安宁；有的说，他希望战士们像初升的太阳一样，越来越茁壮。说得更多的是，将军被战士们感动了。

文学艺术不在于华丽的辞藻，在乎文字背后的故事和情感。

将军不仅是将军，也是德高望重的老人。

军人不仅是守护疆土的战士，也是长者心中的孩子。

我说这篇短篇小说的故事源于生活，当生活中的故事触到了作者的心，便会有小说作品的诞生。

生活中，从没有缺少这样的故事……

下课前，讲述了开山岛的故事——

他叫王继才，守护着开山岛三十二年。在别人心中他放弃了前程跑到孤岛上是讨罪受，但是在王继才的心中，守岛就是他作为平凡人对国家的信仰。

开山岛，面积仅有 1.3 万平方米，也就两个足球场那么大。1939 年，侵华的日军就是从灌河口登陆，第一个占领的就是开山岛，可见这个小岛的重要性。岛屿不大，但却是军事要塞连云港的右翼前哨阵地，不能没有哨兵站岗巡查。

王继才原本是生产队长兼民兵营长，妻子王仕花是一名教师，两个人的生活安稳幸福，到了 1985 年开山岛部队撤编，设立了民兵哨所，但是先后派去了十几个民兵，最后都不愿意守，最长的只待了十三天。1986 年 7 月，王继才经过群众推荐，请他守护开山岛，他答应了。当时亲戚朋友都劝说他不要去，岛上什么也没有，上去面临的是四周的海水和呼啸的海风，淡水资源也不足，但是王继才还是瞒着妻子去了，那一年王继才二十六岁，他们的大女儿才两岁。

王仕花是最后才知道王继才的选择的，满腔的怨气和怒火让她到了岛上找王继才，但是看到丈夫的瞬间，王仕花的眼泪一下子涌了出来，原本高高壮壮的他，没几天苍老了许多，又黑又瘦，胡子也没有修理，过的也是野人般的生活，王仕花哭了。

几天以后，王仕花辞掉了自己的工作，到岛上陪丈夫守岛，妻子说："你守岛，我守你。"在岛上，遇到强风就只能生吃海螺和海蛎，没了煤就吃生米，没有水就喝存下来的雨水。王仕花怀孕了，此时正值台风来袭无法下岛，因此没有及时将妻子送出岛。王仕花忍痛指挥，王继才亲自接生。儿子出生的那一刻，王继才瘫在地上大哭。

三十二年的风风雨雨，两百多面褪色的国旗，二十部听坏了的收音机，四十多本海防日志，还有许多坏掉的煤油灯等，都在诉说着守岛的艰苦，但是王继才守岛的心，就像岛上的石头一样坚定。

（故事根据电影《守岛人》剧情整理）

敬意，在课堂里流淌。

光

10月29日　星期二　晴

（一）晨读：《阁楼上的光》

"哈哈哈，明天读谢尔·希尔弗斯坦大叔。"昨天放学时，韩宗儒一边整理书包，一边高声宣告。

谢尔·希尔弗斯坦仿佛是他们的老朋友。

二年级时开始给孩子们读谢尔·希尔弗斯坦。那段时间，无论教室里何等闹哄，只要我念"作业机，哦，作业机，世界上最完美的机器”，众小鬼都会瞬间抬头，齐齐回应：“只要把作业放进去，再投进一角硬币，按下按钮，等上十秒，你的作业就会出来，又干净，又整齐。来看看——‘9 + 4 = ?’答案是‘3’。3？哦，我的天！看来它没有我想得那么神奇。”

和阿静聊起这种感觉，阿静说：“看来，谢尔·希尔弗斯坦的童谣里最伟大的不是哲理，而是‘镇魔降妖’的功能。”

这几年，我和孩子们陆续读了《失落的一角》《失落的一角遇见大圆满》《人行道的尽头》《往上跌了一跤》等。我和孩子们的语文生活里、平常的日子里，因为有了谢尔·希尔弗斯坦，便多了一份幽默和温馨。那些日子，我常常把简单朴实的插图和短短的文字一起投在教室的屏幕上，淡淡的人生讽刺与生活哲学，不只吸引了孩子们，更俘获了我的心。

第九周了，“日有所诵”也到了第九单元，再次遇见谢尔·希尔弗斯坦——《阁楼上的光》。

仿佛要见一位很久不见的儿时伙伴。

兴奋地开始诵读。

阁楼上的光

[美]谢尔·希尔弗斯坦著，叶硕译

阁楼上孤灯一盏。
尽管门窗紧闭，漆黑一片，
我却看到微光在闪，
那是什么我全知道，
阁楼上孤灯一盏。
站在外面我看得见，
我知道你就在里面……往外偷看。

孩子们一边诵读一边看着我，眼神里除了喜悦，还有小小的好奇和微微的得意，第二遍，又仿佛有了点点惊喜和与作者的惺惺相惜。

是哟，黑夜里看到不远处的屋子里透着微光，谁不会顿时心生温暖?

（二）太阳

今天语文课要聊光之源——“太阳”。

板书课题:《太阳》。

先播放昨晚备课时准备的视频——《宇宙之美》之“璀璨星空”，一部于2008年由美国拍摄的关于宇宙星空的纪录片。四十分钟的语文课，只能播放短短一截，权当打开一扇小窗。孩子们屏气静观，天文世界的种种奇观，明珠般闪耀的星光，浩瀚神秘的宇宙，让人深感敬畏。

此时，这种敬畏，都写在了孩子们的眼眸里。

“说说你们看到的吧。”我用随意的语气暗示大家，可以尽管聊。

“最让我惊讶的是恒星‘蜂巢’，很多很多的恒星，在彼此引力的作用下聚集在一起，构成了一个像‘蜂巢’的球形。在大多数情况下，一个‘蜂巢’中的所有恒星都是同时诞生的，很多科学家用它来研究恒星是如何衰老的。”李骏驰最先说。

“我印象最深的是马头星云，它是一团尘埃气体云，据说再过几百万年，马头星云就会完全消失。所以，我们要多看多研究。”

“我以前在杂志上看到过，最年轻的黑洞……”

刘以铭和万安之说完之后，教室里再也没有人举手了。

没有继续追问，只是告诉孩子们：刚才我们一起观看了一段视频，也许大多数同学只看到了宇宙的大和星空的美，但是他们三位同学却看到了很多我们没有看到的东西，知道为什么吗？因为他们心中已经有了星空和宇宙，他们了解很多相关的知识。

古希腊有一句谚语：你知道得越多，你将会遇见更多。

你们看，知道黑洞的同学今天就看见了黑洞，知道马头星云的同学就看见了马头星云，我之前知道马头星云、‘蜂巢’，刚才在视频中我也没发现。所以，同学们要记住——你知道得越多，你将会遇见更多。

这节课，学习《太阳》，看看我们能遇见什么。

词语过关，读课文，了解太阳的特点，说明方法是本单元重点，孩子们很快能列出说明方法的表格，标记出文中的说明方法。看来，直白的重点，是不需要花很多时间的。

那就学点别的吧——尝试把课文读短、读简。

第一段，主要在介绍什么呢？

“太阳离我们远。”

如果要用一个字概括呢？

“远。”

从一段话中提取到了关键语句，从关键语句中提取到了关键词。

——请大家在课本的旁边批注个“远”字。这是读书的方法，也是读书的能力。于是，太阳的特点——“远、大、热”都被孩子们顺势提取出来了。

特点与方法很容易一一对应，从课文中凸显出来，对于五年级的孩子，需要再往前走一点点。

课文在介绍“远”时，如果不用数字，只说距离“很远很远”，好不好？为什么？

“如果不用数字，只说距离‘很远很远’，会给人一种很模糊的印象，不知道到底有多远的感觉，用了‘一亿五千万千米’这个数字我们就知道有多远了。”

“看来数字是最能说明问题的。”我的感叹得到了同学们的认可，可是，课堂需要的不仅仅是认可，于是我又问：“有了‘一亿五千万千米’这个数字，你真的就知道有多远了吗？”

我看到了若有所思、不解、疑惑等各样神情。在课堂上，这超过了不假思索的全盘认同。

“一亿五千万千米远，这个数字太大了，我感觉我还是不知道有多远，因为我从来没见过这样长的东西。”谢若玄说出了自己的感受。

是的，一切未知都是茫然的。“一亿五千万千米”的距离实在离我们太远了，我们仅从数字上是无法得知的。所以，课文又很巧妙地运用了一个方法介绍：步行到太阳上去要多久，坐飞机到太阳上去要多久。

“这样我们就很熟悉了。”

“这样就明白了。”

看来，我们可以从熟悉抵达未知与陌生。

太阳离我们那么远，它与我们的关系是不是也很远呢？

当然不是。读读文中的两句就明白了：

第一句：地球上的光明和温暖都是太阳送来的。

第二句：如果没有太阳……自然也不会有人。

为什么这两句让我们明白？

“因为这是从正面和反面分别说出太阳的重要性。”

这算是哲学与辩证的启蒙吗？

“走，踩脚去！”

10月31日　星期四　晴

下午两节连堂课。

喜欢连堂课的原因是中间有个长长的课间，可以待在教室里或走廊上听孩子们聊聊他们的生活、他们的世界。这是走近他们最好的时光，真实而愉快。

今天的课间，我临时调整了第二节课的内容。

最近班上盛行玩“踩脚”游戏。

第一节课下课铃声一响，黄一仓便开始吆喝：“走，踩脚去！”

“我昨天忘记预习了，下节课上新课呢，我想现在预习一下。”一向乖巧的刘子莘把声音压到了最低，但仍然被讲台前批作业的我听到了。

“不用预习呢，下节课上《松鼠》，说明文，太简单了，没什么好预习的。”

“是的呢，走咯，说明文好简单的。”李骏驰补充道。

我没有惊动他们，脑海中极力搜索学习《太阳》《鲸》《新型玻璃》的课堂场景，认识生字，熟读课文，总结出几种说明方法，一节课的教学任务就结束了。突然感觉，或许，孩子的这种认识是我的课堂传递的。

今天的《松鼠》，就在上课前十分钟做一点改变吧，这对于我来说依然是需要勇气的——教书二十年了，都是熟悉的课文，却依然需要在每一课上课前反复考量、细细准备。因为孩子不一样，讲台上的我每一年也不一样。

这是一篇说明文，也是一篇描写松鼠的文学作品，它不同于一般的说明文，布封将自己细致入微地观察与研究的结果进行了文学的表达。

但因在教材中将其归类为“说明文”，所以在教师和学生眼中这似乎就是一篇以说明为主要表达方式的文章，松鼠的形态与颜色，驯良乖巧的习性，肉、毛、皮的用途，繁殖能力及其他特点便是《松鼠》的全部。对于五年级的孩子，这些信息的获取，着实不难。

那就先带孩子们走进《松鼠》的背后吧。

十八世纪的法国，从小沉迷自然博物的布封，在他三十二岁这年开始担任皇家植物园的主管。从此，他便把全部的精力都用来经营皇家植物园，并用了四十年时间写成三十六册的著作——《自然史》。

布封创作了《自然史》这部了不起的传世博物志，他一生游历、观察、实验、演讲，他如同造物主委派的使者，把万物尊贵和神圣的品性展现给世人。也是从布封开始，万物都开始闪烁着灵性。

那年和上上届孩子一起读《马》的惬意依稀可忆。打开手机，搜索到《马》，摘取片段朗读。

人类所曾做到的最高贵的征服，就是征服了这豪迈而剽悍的动物——马：它和人分担着疆场的劳苦，同享着战斗的光荣；它和它的主人一样，具有无畏的精神，它眼看着危急当前而慷慨以赴；它听惯了兵器搏击的声音，喜爱它，追求它，以与主人同样的兴奋鼓舞起来；它也和主人共欢乐：在射猎时，在演武时，在赛跑时，它也精神抖擞，耀武扬威。但是它驯良不亚于勇毅，它一点儿不逞自己的烈性，它知道克制它的动作：它不但在驾驭人的手下屈从着他的操纵，还仿佛窥伺着驾驭人的颜色，它总是按照着从主人的表情方面得来的印象而奔腾，而缓步，而止步，它的一切动作都只为了满足主人的愿望。这天生就是一种舍己从人的动物，它甚至于会迎合别人的心意，它用动作的敏捷和准确来表达和执行别人的意旨，人家希望它感觉到多少它就能感觉到多少，它所表现出来的总是在恰如人愿的程度上；因为它无保留地贡献着自己，所以它不拒绝任何使命，所以它尽一切力量来为人服务，它还要超出自己的力量，甚至于舍弃生命以求服从得更好。

（选自《自然史》，[法] 布封著，陈焕文译，人民日报出版社，2009 年版）

这就是布封笔下像英勇忠烈战士一般的马。

不仅仅是马，还有大象的温和憨厚，鸽子夫妇的相亲相爱，天鹅的开明大爱，还有小松鼠的善良可爱……1777 年，法国政府在御花园里为布封建立了一座铜像，铜像的底座上用拉丁文写着“献给和大自然一样伟大的天才”。

这节课，我们一起来读读这位“和大自然一样伟大的天才”笔下的松鼠。

默读课文，结合《太阳》和《鲸》，针对课文每人提出一个问题。

……原本的教学内容搁浅了。

相比让教育从学生心底真实地出发，教学内容或许没那么重要。

清晨，遇见海子

11 月 4 日　星期一　阴

（一）晨读：《面朝大海，春暖花开》

11 月，是长沙的金秋。

城里的孩子对四季是木然的，幸而有教室门前的银杏用它独有的“银杏黄”昭告孩子们——秋天正当时。想起二年级时的这个季节，赖慧梓跟我的对话：

“为什么大家都说‘银杏黄’，不说‘银杏绿’呢？”

“因为金黄的银杏叶很漂亮啊！”

“可是，我觉得绿色的也漂亮啊，而且，黄色还是绿色变来的呢！”

……

孩子就是自然的哲学家。谁说不是呢?

“日有所诵”快五年了。

五年里，从童谣“一二三，爬上山，四五六，翻筋斗”开始，从古老的《诗经》到远方的《沙与沫》，从谢尔·希尔弗斯坦到唐诗宋词，一路走，一路诵读。

那年，薛瑞萍老师来长沙，薛老师留在育英小学礼堂里的声音一直回荡在耳边：“中国古来相信歌谣——尤其童谣是可以传达天意的。每个重要历史关头，都会响起载入史册的歌谣：‘大楚兴，陈胜王’；‘举秀才，不知书’；‘打开城门迎闯王，闯王来了不纳粮’”。

和孩子们一起诵读的日子里，总是念念不忘，所谓念念不忘，必有回响。

今天晨读是海子的诗。《日有所诵》的第十单元《面朝大海，春暖花开》。

面朝大海，春暖花开

海子

从明天起，做一个幸福的人
喂马、劈柴，周游世界
从明天起，关心粮食和蔬菜
我有一所房子，面朝大海，春暖花开

从明天起，和每一个亲人通信
告诉他们我的幸福
那幸福的闪电告诉我的

我将告诉每一个人

给每一条河每一座山取一个温暖的名字
陌生人，我也为你祝福
愿你有一个灿烂的前程
愿你有情人终成眷属
愿你在尘世获得幸福
我只愿面朝大海，春暖花开

1989 年 1 月 13 日

（选自《海子的诗》，人民文学出版社，1999 年版，第 292 页）

海子对于我，是有回忆的。

听着孩子们一遍一遍诵读，晨光中，穿梭在教室里，有了一些零散的记忆。2018 年 10 月，南通师专的礼堂里，李庆明老师讲母语文化构建，其间播放海子母亲用河南话诵读的《面朝大海，春暖花开》，几百人的教室里空气几近凝固……那晚，我在日志中写道：今天听海子的母亲用河南话诵读的《面朝大海，春暖花开》，不禁泪流，恍惚中，想起初中时，每当晚自习停电时，我的语文老师宋老师——一位乡村代课老师，总会借着昏黄的烛光，为我们读顾城、读海子、读北岛。那时的我读不懂海子，也读不懂宋老师流下的泪……二十多年过去了，宋老师那些在当时让我们入迷入魔的语文课早已模糊，但他在那间简陋的乡村教室里读的那些诗，那些崇拜诗人的日子，却依然清晰，每每读到，总会想起。原来，很多我以为早已忘记的东西都会在时间上见、在岁月里见。

比如此时，二十多年后的异乡清晨，宋老师和他读给我们的那些诗，一并来到了记忆里，也来到了眼前。

所以，坚持为孩子们朗读，坚持让孩子们背诵。最朴素的方式，总会留下最久远的记忆。

海子于眼前的这群孩子来说，是陌生的。

但这种陌生并不影响孩子走近。几遍下来，《面朝大海，春暖花开》已经能背诵。读后交流，是我们默认的流程。

“我妈妈的微信签名就是：面朝大海，春暖花开，今天我知道了是出自这里。”

“我在想，诗人一定是很向往大海的，你看他的名字叫‘海子’，他的诗也写海，而且还想在海边有一所房子。”

“海子写这首诗的时候应该特别幸福，所以希望和每一位亲人都通信，和亲人们分享自己的幸福。”

“我觉得，海子写这首诗的时候应该特别孤独，所以想念远方的亲人，希望和每一位亲人都通信。”

……

无须解读，就让孩子们保留自己心中的“面朝大海”，保留自己对海子的“初见”吧。哪怕是误读、哪怕是断章取义也无妨。所有的阅读，不都是一次对原作的再度唤醒与创造吗？如同我们可以把一朵云彩看成是一匹马、一只老虎抑或是一头骆驼。

诵读，也是播种。

（二）慈母，情深

“今天学习《慈母情深》。大家周末读了梁晓声的《母亲》，先说说你们的感受，可以描述，也可以用一个词说出你的感受。”这是生字新词过关之后我的发问。孩子们已经习惯了老师这样直接的开课。

他们知道，读过的书，总是要交流的。这是二次阅读，也是更加深入、更加开阔的阅读。

“我觉得梁晓声的母亲跟我平常见到的母亲不一样，在那么苦难的年代里，他的母亲却是那么支持孩子读书。”罗梓涵说。

“天下母亲都支持孩子看书的……”万安之嘀咕着，他的思维活跃，总是超出我们思考的速度。

“可是，他的母亲是文盲，而且家庭极度贫穷。这样的情况下，就是不一样。”罗梓涵坚持自己的看法。

“我读到了梁晓声的母亲对孩子的深情，《慈母情深》只是一件事，其实《母亲》中还有很多深情的事。”

大家各自表达着自己读到的“母亲”，看来，孩子们都走近了梁晓声眼里、心中、笔下的“母亲”。无人关注到母亲的儿子，或母亲与儿子。

那就读读课文吧。

“我鼻子一酸，攥着钱跑了出去。”

为什么“我”鼻子一酸？带着这个问题，打开课文，静静地读，用你的朗读回答这个问题。

“七八十台缝纫机发出的噪声震耳欲聋。”罗志峰的朗读。

“为什么读这一句？”

“作者第一次看到母亲在这样的环境中工作，才会让他鼻子一酸，有想流泪的感觉。”

“假如是你，第一次知道母亲原来是在这样的环境中工作的，你有什么样的感受？”代入，或许是最好的共情方式。

“伤心。”

“想哭。”

“背直起来了，我的母亲。转过身来了，我的母亲。褐色的口罩上方，一对眼神疲惫的眼睛吃惊地望着我，我的母亲的眼睛……”谢若玄的朗读中，自然有了慢镜头的感觉。

一起读，让母亲的身影，慢慢在自己的眼前掠过。童稚的声音里有了人同此心的深情。

再读一遍吧，声音，有时可以抵达文字的深处。

"'我的母亲的眼睛……'省略的是什么？"

"省略的是作者的惊讶。"是的，曾经的母亲不是这样的啊。

"省略的还有母亲的疲惫。"是的，眼里的疲惫是长年累月积淀下的疲惫。

看到这样的母亲，我怎能不鼻子一酸？

回忆母亲劳作的画面，回忆母亲给钱的细节，我怎能不鼻子一酸？这种酸楚让我们感受的是——慈母情深。

……

母亲的深情，在字字句句里，在作品里，也在课堂里。

"《慈母情深》的故事是作者成年后的回忆。作者的回忆里，会有一种怎样的感觉？"这是老师这节课里最后的发问。

"对母亲的感激。"

"对母亲的愧疚。"

"应该有感激，有伤痛。"

或许还有一些你们此时无法体会的感觉——

"老师再朗读两段梁晓声的文字结束今天的课。"

从小学二三年级起，母亲便为全家的生活去离家很远的工地上班。每天早上天未亮便悄悄地起床走了，往往在将近晚上八点时才回到家里。若冬季，那时天已完全黑了。比我年龄更小的弟弟妹妹都因天黑而害怕，我便冒着寒冷到小胡同口去迎母亲。从那儿可以望到马路。一眼望过去很远很远，不见车辆，不见行人。终于有一个人影出现，矮小，然而"肥胖"，那是身穿了工地上发的过膝的很厚的棉坎肩所致，像矮小却穿了笨重铠甲的古代兵卒。断定那便是母亲。在路灯幽蓝清冽的光下，母亲那么快地走着。她知道小儿女们还饿着，等着她回家胡乱做口吃的呢！于是边跑着迎上去，边叫："妈！妈……"

如今回想起来，那远远望见的母亲的古怪身影，当时对我即是温馨。

我小学五年级时，母亲仍上着班。但那时我已学会了做饭。从前的年代，百姓家的一顿饭极为简单，无非贴饼子和粥。晚饭通常只是粥。用高粱米或苞谷米碴子煮粥，很费心费时的。怎么也得两个小时才能煮软。我每坐在炉前，借炉口映出的一小片火光，一边提防着粥别煮煳了，一边看小人书。即使厨房很黑了也不开灯，为的是省几度电钱……如今回想起来，当时炉口映出的一小片火光，对我即是温馨……

下乡了，每次探家，总是在深夜敲门。灯下，母亲的白发是一年比一年多了。从怀里掏出积攒了三十几个月的钱无言地塞在母亲瘦小而粗糙的手里，或二百，或三百。三百的时候，当然是向知青战友们借了些的。那年月，二三百元，多大一笔钱啊！母亲将头一扭，眼泪就下来了……如今想来，当时对于我，温馨在母亲的泪花里……

（选自梁晓声《每每想起母亲，便觉温馨》）

下课。

绑在身上的磁铁

11月6日　星期三　阴

体育老师外出，我进教室代课。语文老师走进体育课堂，无论如何都是不受欢迎的，哪怕是换课。孩子世界的节奏就是这么奇妙，容不下任何人打乱。

“这节课不上语文教材的内容，聊点你们最近读的书。”

几个垂下头的孩子眼里立刻有了光。

几周前开始朗读《写给孩子的山海经》，第一次读的是《南经》中的《羽民国》：

……

有羽民之国，其民皆生毛羽。

在结匈国的东南面，生活着一群奇怪的人，他们长着长长的脑袋、白色的头发、红色的眼睛，全身生满羽毛，背上有一对翅膀，这就是羽民国。羽民国的人是从蛋里孵化出来的，他们可以飞，但翅膀短小，飞不远。

……

到了秦汉时期，道教兴起，修仙风气盛行，羽人因身有羽翼能飞而成为道士的崇拜对象。道士又被称为羽士，成仙也被称为羽化登仙。

——《写给孩子的山海经》

一周之后，班上就有了二十多本《写给孩子的山海经》。上周夕会时间，再朗读了《巨人国》与《君子国》，今天发现班上多了几本白话彩图的《山海经》，几个孩子搬着自己的书，来我这里求证——《山海经》的作者到底是谁?

“我看过一本书，里面清楚地说了《山海经》的作者是大禹。”

“老师你看，我这本书的序言里面说了，这本书应该是南方的楚人所作，因为书中出现了很多我们湖南的地名，有长沙、桂阳等，那时交通不发达，应该是比较熟悉南方的人写出来的。”刘以铭说得有理有据。

两个孩子的眼里满是等待，急需我在他们两人中进行二选一的抉择。

“这个问题有点难回答，我看的版本里关于《山海经》的作者有几种说法，一种说是伯益，一种说是蜀人，一种说是楚人，还有一种说是经过了几个朝代很多个人的搜集编著才有的。”看到我的语气和表情都和他们一样有疑惑、有期待，孩子们似乎明白了什么。

此时，唯有窃喜。

面对经典，孩子能有无解的困惑，是弥足珍贵的。这些现在的“无解”或许是他们前行的灯塔。几年的班级朗读经历告诉我，如果想让孩子读一本书，最直接的方式就是把这本书带进教室，然后读一点给孩子们听。

把经典带进教室，带到孩子们面前，追本溯源，是老师的使命，也应该是我作为语文老师的精神狂欢。

拿出《山海经》(彩绘版)，站上讲台，底下窃窃细语：“太好了，今天老师讲《山海经》。”“今天会讲哪个国呢?”

今天不讲哪一个国，今天聊聊《山海经》，一聊就会知道孩子们读得怎么样了。翻开书，长长的彩绘扉页，画着中华民族的母亲河——黄河，正反跨页，仿佛在无限延伸。泥土黄的河流，古朴而遥远，赤红的云霞，无限热烈。放在实物投影仪上，因为太长，只得慢慢移动，恰好有了动画效果，仿佛一条激荡、澎湃、雄浑的长河从眼前流过。

“放在《山海经》扉页的为什么是黄河的彩绘图?”我的第一个问题。

“因为中华民族是在黄河边发源的，黄河就像一位妈妈，你看图上黄河两边的那些小村落就像她的一个个孩子，静静地待在她的脚边。”

“《山海经》是一本地理、神话书，书中记录的山川、河流和神话故事都是诞生在黄河流域的。”

“黄河自西向东流，贯穿了整个中国大地，《山海经》中写到的山水也贯穿了中国大地。”

爱读书的孩子，回答总会超乎我的想象。已无须我做解读，只要稍加强化、串联就可以：

是的，远古人类逐水而居，文明的起源离不开河流。从古至今，这条蜿蜒在中华大地上的大河是中华的发源地，也是中华文明的发源地，就如同向老师给大家讲过的同样诞生了人类文明的尼罗河、底格里斯河、幼发拉底河。

“已经买了《山海经》并开始在读的同学举手。”最后，需要做一个了解，尽管我之前没有布置他们要买、要读。

数数，全班五十四人，有四十一人举手。

真好！

再次印证：关于引导孩子读书，读那些不遥远的经典，老师要做的，可以很简单——就是把经典带进教室，然后隔三差五读一点点给孩子听。

“祝贺这四十一位同学，不经意之间走进了远古的世界。这四十一位同学在读的时候，一定有自己的感受，谁来分享一下？”——这样的提问，是完全无法预测的。

两次朗读，换来四十一人的走近，是意料之外，也是意料之中。

传承文化，首先需要的是走近和走近的热情。有了热情，内容会随之而来。

记录到此，突然想起《佐贺的超级阿嬷》里阿嬷在贫穷岁月里的生活妙招：

阿嬷总会在身上绑根长长的绳子，绳子的一头系在腰上，另一头绑上一块磁铁，走路的时候，磁铁就会吸附路上的钉子和废铁。阿嬷说：光走路什么事也不做，多可惜，绑个磁铁，就会有不断的惊喜自己找上门。

这份热情，是那块绑在身上的磁铁吗？

蹲下来

11月6日　星期三　阴

第二节是真正的语文课，《父爱之舟》第二课时。

黑板左侧板书“父”的演变过程——一只微曲的手加一把工具勾勒出的，就是甲骨文的“父”，金文也是一样，只是表示手的部分更加壮实了，小篆的“父”只有手，没有了工具。

虽然我没有提问，但万安之急不可待，高举小手发问：“为什么到了小篆时就没有‘工具’了呢？”

“小篆是秦朝时开始通用的。秦始皇灭六国后，下令以秦国的‘小篆’作为标准，统一了全国的文字，这是秦始皇对文化的贡献。所以呢，知道‘父’的小篆为什么没有工具了吗？”

“因为这样写就更简洁了。”

“因为到了秦朝，工具已经很普及了，不像以前那么稀少了，所以汉字中的工具就被省略了。”自从在课堂上进行“随文解字”以来，孩子们对汉字的感受开始有了时代和历史的思维。

是的，自古以来，父亲就是那个手拿工具、辛苦劳作的人，如同文中的父亲。

读课文，理出文中写了哪些事，批注自己的感受。

五年级的孩子，很快就理出了文中的几件事，答案一致，就无须交流了。而读文后的感受却不会一样，于是，重点说说自己的感受。

“父亲亲手为‘我’糊一个万花筒的故事让我很感动，我想，父亲在和‘我’逛庙会的时候，一定是常常蹲下来看‘我’，要不父亲高那么多，他怎么会发现‘我’的眼里充满着对这些玩意儿的恋恋不舍。”小小个子的韩宗儒心底该有多柔软，抑或是他有过类似的体验，感受过父亲“蹲下来”看见了自己？要不，在这么多融化着父爱的小故事中，为何他能读到父亲的蹲下？想起多年前，带四岁的问问在漓江看《印象刘三姐》的演出，走在人群中，问问哭闹着要我抱，我说：“问问可以自己走啊。”

问问说：“可是我不想自己走，我自己走看到的都是别人的脚。”

我蹲下来，沿着问问的视线往前望，目之所及，全是匆匆的脚步。这是站着的我所不知道的。

“是的，一路上，父亲也许多次蹲下来看到了儿子在小摊前的恋恋不舍，但手中的钱不允许他满足儿子的期待，每一次蹲下，父亲也许在想些什么。”这是备课中我没有预设的提问。毕竟，美好的课堂能抵达的地方，是孩子希望抵达的地方。

“父亲可能在心里想，这个纸风车真有意思，要不我买一个给儿子吧……唉，还是不行，这是全家的伙食费。”

“父亲可能想，儿子这么喜欢这些玩意儿，虽然买不起，有什么可以自己做呢？所以，在回家的路上，父亲一直在想，做一个什么玩意儿给儿子，最后决定做一个万花筒。”

“父亲也可能想……”

长大做个好爸爸。

蹲下来，爱就走进了心里。

“万花筒里那千变万化的图案花样，是我最早的抽象美的启迪吧！”——这是吴冠中后来成了画家后的回忆。

课件出示吴冠中的几幅画。语文课堂上欣赏画已经不是第一次了，孩子们学会了静静地看。

第一幅《渔港》。灰白点墨布满整个画面。

小时候，从家里到学堂的路上有一座石桥，桥下，是拥挤的船帆。船帆近大远小，最远处，便成了一个小点，这是我最早接触到的透视现象。

——吴冠中《我负丹青：吴冠中自传》

第二幅是课文的插图。白墙黑瓦，灰坊碧树。星星点点的彩色是行走的人，安静而热闹。一出示，孩子们就惊呼，惊呼之后是安静。

这幅画题为《白首忆童年》，是先生画布上的童年。

先生在课文中说："我什么时候能够用自己手中的笔，把那只载着父爱的小船画出来就好了！"画遍了童年的回忆，却画不出一只小船？

写这篇文章时，父亲已经去世了，他和父亲无数次在梦中相见。船好画，但父亲的养育之恩、期望之情，他已无法报答了。

他画不出的是满载的父爱。

回到课文插图，朦胧中，一叶小船划过水面，船头佝偻着一个身影。

再读课文。

"朦胧中，父亲和母亲在半夜起来给蚕宝宝添桑叶……我又见到了姑爹那只小渔船……"

"精彩极了"还是"糟糕透了"

11 月 7 日　星期四　晴

（一）晨读：《如果我是男孩》

十月的太阳，温暖却不炽烈，真正有"沐浴"阳光的感觉。

晨读，金子美铃的《如果我是男孩》：

如果我是男孩，
我要当一个
四海为家的海盗。

我要把船涂成海蓝色，
挂上天蓝色的帆，
不管去到哪里，
谁都发现不了我。

（选自《向着明亮那方》，［日］金子美铃著，新星出版社，2009年版，第 172 页）

孩子们对着《日有所诵》一遍一遍读。声音回荡在清晨的校园里，兀自生动，仿佛他们真的即将要成为四海为家的海盗，这是一个多么有趣、新奇的职业啊——对于孩子们来说。

阳光斜照进教室，靠窗的课桌上洒满了细碎的金光，一教室的鲜亮。

我手持早已准备好的《向着明亮那方》，跟着大家一起读。

孩子们是第一次在课堂上读金子美铃的诗，他们的心中还没有作者，只有这首诗。他们何曾想到，诗人的人生有多坎坷、有多曲折、有多短暂。因为，她的诗是如此明丽童真，仿佛从未被生活辜负过一般。

航行在广阔的大海，
如果遇见强国的船，
我就威风凛凛地说：
“潮水啊，涌上来吧！”

如果遇见弱国的船，
我就和和气气地说：

“各位，请把你们家乡的故事

给我留下，每人一个。”

（选自《向着明亮那方》，［日］金子美铃著，新星出版社，2009年版，第172页）

“海盗可以永远在大海上航行，可以四海为家，可以去打击那些喜欢抢占别国岛屿的舰队。”黄一仓小脸通红，激动地表白着。

如果找到他们的船，

我要机智地打败他们，

把宝贝一件不少地夺回来，

隐身斗篷，魔法神灯

唱歌树，七里靴……

我的船——满载而归

我要向着远方航行。

如果我是男孩，

我，一定会去的。

（选自《向着明亮那方》，［日］金子美铃著，新星出版社，2009年版，第172页）

男孩们越读越有力量，仿佛每一个男孩都有一个海盗梦。女孩们一边读，一边听男孩的声音。

金子美铃——我把这个名字写在黑板上。

我们用读诗的方式记住一位只有二十七年生命的诗人。再读《向着明亮那方》。

向着明亮那方

[日]金子美铃

向着明亮那方
向着明亮那方

哪怕一片叶子
也要向着日光洒下的方向

灌木丛中的小草啊

向着明亮那方
向着明亮那方

哪怕烧焦了翅膀
也要飞向灯光闪烁的方向

夜里的飞虫啊

向着明亮那方
向着明亮那方

哪怕只是分寸的宽敞
也要向着阳光照射的方向

住在都会的孩子们啊

（选自《向着明亮那方》，[日]金子美铃著，新星出版社，2009年版，第51页）

对于一生少有幸福的金子美铃来说，诗歌和爱，就是她的明亮那方。手里这本《向着明亮那方》，在无尽岁月里，安抚了多少童蒙初开的孩子和疲于前行却心留质朴的大人们。

再读一遍。真趣美如天籁的诵读，响彻在教室，飘向了窗外。

（二）“精彩”和“糟糕”

下了早自习，开始准备第一节课。

几个小女生围上来，目光落在讲台一角的《向着明亮那方》上。

叽叽喳喳开了。“我回去让妈妈买一本。”“你买了之后借给我看可以吗？”“向老师，我可以借你的看看吗？”高雅妮说。

“当然可以，看来高雅妮是真想读这本书。”递给高雅妮，高雅妮眯笑着接过书，回到座位，几个人像小鸟都围了过去。

想象着，几天之后，教室里一定会有很多本《向着明亮那方》。

如果问我如何让孩子爱上一本书，最简单的办法就是，把书带进教室。

上课了，第六单元最后一课《“精彩极了”和“糟糕透了”》。

昨天布置了预习。

“请将课文分为两个部分，这是对你们预习效果的检查。”

“第一至第十五自然段为第一部分，后面两个自然段为第二部分。”

“这样分的理由是？”

“第一部分是写以前的事，第二部分是写后来的事。”

“我的分法和李骏驰一样，但理由不一样，我觉得第一部分是写以前的故事，第二部分是写从这个故事中懂得的道理。”

一件事，一个道理，所谓一事一议。这样的文章不是第一次见了。

板书“一事一议”，回忆：你还知道哪些课文是这样写的？

“《落花生》讲了花生的故事和做人的道理。”

“《钓鱼的启示》中讲钓鱼的故事和启示。”

“《画杨桃》也是先讲画杨桃的故事，再讲一个道理。”

……

久远的故事，孩子们依然能瞬间回忆起来，对于孩子，有故事的地方，就有记忆。

了解了结构，接着便走进故事。五分钟准备，然后把故事讲给同桌听。

经历了讲述，故事便在记忆中走了一遭。

再来聊聊故事。

“整个下午我都怀着一种自豪感等待父亲回来。”

是谁给了巴迪这样的“自豪”？毫无疑问，是母亲夸张的赞扬带来的。母亲的评价，就是孩子对自我的全部认知。若遇到的都是这样的评价，孩子会成长为什么样的人呢？

幸运的是，巴迪有一个“不一样”的爸爸。

“巴迪的那首诗到底如何？”

“可能既不像妈妈说得那么好，也不像爸爸说得那么糟。”罗梓涵的回答是从逻辑的角度出发，有哲学的意味。

可是，此时，语文老师更希望看到循着文字获得的答案。

画记出父亲母亲读诗的语句，读一读，再回答老师刚才的提问。

画记，默读之后，韩宗儒说：巴迪的诗应该是糟糕的。因为父亲是专业写剧本的，他懂得什么是好诗，并且他对巴迪的这首诗进行了认真的阅读和思考，文中说“诗只有十行，可我觉得他读了几个小时”，可见父亲不是轻易下的结论。

“虽然父亲说的可能是对的，但是对巴迪的打击太大了，你看他后来写了很多小说、戏剧和电影剧本，可是却没有诗歌。”不记得教过多少次课文了，但谢若玄的发现是我在文中没有读到的。

我越来越体会到我当初是多么幸运。我有个慈祥的母亲，她常常对我说："巴迪，这是你写的吗？精彩极了！"我还有个严厉的父亲，他总是皱着眉头，说："这个糟糕透了。"一个作家，应该说生活中的每一个人，都需要来自母亲的力量，这种爱的力量是灵感和创作的源泉。但是仅有这个是不全面的，它可能会把人引入歧途，所以还需要警告的力量来平衡，需要有人时常提醒你："小心，注意，总结，提高。"

这是巴迪成年后的领悟。

可是，每一个孩子都需要这样的"精彩"与"糟糕"吗？每一个孩子都能在"精彩"与"糟糕"之间保持平衡吗？

再读结尾：

这些年来，我少年时代听到的这两种声音一直交织在我的耳际。"精彩极了！""糟糕透了！""精彩极了！""糟糕透了！"……它们像两股风不断地向我吹来。我谨慎地把握住我生活的小船，使它不被哪一股风刮倒。

课件出示多年前读到的《"精彩极了"和"糟糕透了"》的原文——巴德·舒尔伯格的短篇小说《我的绝妙坏诗》，它的结尾是：

是他们教会了我如何对待形形色色的"肯定"和"否定"——首先我得不惧怕批评，不管这些否定意见来自何方，也不管这样"宣判"多么令人心碎，我决不能因为别人的否定而丧失勇往直前的勇气；而另一方面，我又得在一片赞扬声中克服内心深处的自我陶醉！

和孩子们一起读，然后表达自己的看法：老师更喜欢原文的结尾，所以一直珍藏在电脑里。

同学们，把这段话读进心里，在以后的生活中慢慢体味。

下课。

王孙归不归？

11 月 8 日　星期五　晴朗无风

（一）晨读："冬天真的来了吗"

今日立冬。

昨天放学时，告诉值日的高雅妮："明天立冬，晨诵可以加点内容。"

高雅妮望着我，浅笑盈盈："好的。"

在一起五年了，每年的每个节气都会和他们聊一聊，读一点节气的文字。一二年级时是我读给他们听，慢慢地，他们自己读，很多时候，他们也开始感受到了节气的到来。

七点五十分走进教室，只见黑板上除了要诵读的古诗，还写着"立冬三候"：

一候水始冰；

二候地始冻；

三候雉入大水为蜃。

彩色粉笔，寥寥绘出几朵小小的雪花。

这是孩子们在教室里对待节气的仪式。

“一候——水始冰；二候——地始冻；三候——雉入大水为蜃。”琅琅书声里，几分肃然的敬畏。

冬！——我在黑板上写下一个大大的“冬”，一并画出甲骨文、金文、小篆的“冬”。

冬季是一年中的最后一个季节，所以“冬”就是终了。甲骨文的“冬”—— 一根绳子，顶端打了结，就是“终结”的意思，多么形象呀。到了金文，字形有了变化—— 一个“日”隐藏在了中间，这样的变化会有什么寓意呢？

“冬天了，太阳被隐藏起来了。”黄一仓的解释。

“不对呀，冬天也有太阳，今天太阳就很大。”赖慧梓说。

“可是，太阳的温度被隐藏起来了。”黄一仓坚持自己的解释。

今天立冬了，冬天正在到来，先民们发现，从今天开始水已经能结成冰；土地也开始冻结；野鸡一类的大鸟在立冬后就不多见了，而这个时候在海边能够看到与野鸡颜色相似的大蛤，所以古人认为雉到立冬后便变成大蛤了。

立冬，与立春、立夏、立秋一道，成为一年节气的“四仪”。农耕岁月，自命为天子的帝王率公卿百官迎冬于北郊，正如他们曾迎春于东郊，迎夏于南郊，迎秋于西郊一样。

——黄耀红《天地有节》

这些自然的古礼已在我们的生活中渐行渐远。我们能做的，就是将春夏秋冬的时序、东西南北的方位的源头，带进教室，带到孩子们的眼前。因为，这是先民的智慧。

课间，杨禹淳问我："向老师，冬天真的来了吗？"

是哦，在孩子们的眼里，窗外阳光鲜亮，校园里依然一片苍翠，此时的南国，芙蓉正绽放，桂花仿佛还有余香，天地之间都没有冬天的踪影。

今日立冬。冬天，现在已经来了吗？

（二）王孙归不归?

周五的语文课在下午，上周外出少上了一节，今天下午两节语文。

三个人，三首诗。

第一首，最清新优美的秋日颂歌。

山居秋暝

（唐）王维

空山新雨后，天气晚来秋。
明月松间照，清泉石上流。
竹喧归浣女，莲动下渔舟。
随意春芳歇，王孙自可留。

黑板上板书了整首诗文，但是齐读时个个故意夸张地左顾右盼，我能读懂，个个都是想告诉老师：我能背诵了！五年级的孩子，依然还是孩子，需要老师看见，需要老师赞赏。

"大家背诵得非常流利，能够熟练背诵，是对诗文的敬畏，真好。"

五年级了，走近王维，不仅仅是"诗中有画，画中有诗"。更何况“大部分古诗里都有一幅画”（刘以铭），这孩子在课堂上的这句话呼应了今天的语文课堂。

诗文和诗人都仿佛是老朋友了，先入题目。“山”“居”“秋”“暝”四个字，变成一幅画，可以有哪些元素？有“山”，而非平原江流、都城朝野；是久“居”的人，而非过客旅者；有“树树皆秋色”的“秋”；这一切浮现在薄暮时分，因为是“暝”，这边落日西沉，那边正月上东山。五律四联的诗文，就是用文字在描绘这四个字。

朗读。先读正确、流利。

空山新雨，“ong”韵开启，空阔而寂静。押“ou”韵，秋（平声）流（平声），婉转而清幽。

再读，读出韵律。要读出韵律，孩子们自然拉长了韵脚：秋（平声）流（平声）舟（平声）留（平声）。顺便复习几个入声字，读短：月（入声）石（入声）竹（入声）歇（入声），韵脚长，入声短，一长一短，便有了韵律。以前一直这样读，但第一次这样总结。

对于儿童，我习惯把“讲道理”放到后面一点，再后面一点。

2018年10月，吴江盛泽程开甲小学，薛法根老师说：“语文能力不是靠教知识讲理论得来的，而是在丰富的语文实践活动中逐渐形成的。读了无数个带‘一’的词语或短句，积累了丰富的语感，再来归纳‘一’的变调规律，就水到渠成了。语文学习，需要更多的‘举三反一’，而后才能‘举一反三’。”

正确、流利、韵律长短，一首诗的朗读就美好了。

空山，新雨，天气，明月，清泉。

月下松林，石上清泉，如此澄澈，又如此高洁。

空山新雨后，天气晚来秋。首联以写自然景物“起”。明月松间照，清泉石上流。颔联继续写自然之景，这是“承”。

黑板一角，板书：起，承。起承之后，便要“转”了。

“诗中第三联，转向什么了？”

“前面是写自然景物，第三联开始转到描写人了。”

“前面的景物是静的，从第三句开始写动的景物了。”

再读诗文“空山新雨后，天气晚来秋，”读完罗列板书，诗以“空山”“新雨”“晚秋”起，承以“明月松间照，清泉石上流”。笔触依然在自然景物上——“明月”“山松”“清泉”，而后转向了“人”，那竹林中隐隐约约洗衣女子的喧笑，莲叶中前行的渔舟……诗文背后，一颗清寂辽阔的心，仿佛在与自然对话。

是哦，读了上百首律诗，再来讲“起承转合”，也就水到渠成了。听了肖乐阳和罗梓涵的回答，薛老师的话又回荡在耳旁。

随意春芳歇，王孙自可留。

是什么让王孙可留呢？

尽管《楚辞》已久远，尽管孩子们才五年级，但此时，却不想绕过。于是，从“王孙兮归来，山中兮不可久留”说到《招隐士》。

诗中说“王孙游兮不归，春草生兮萋萋”，还说到深山荒谷的幽险和虎啸猿悲的凄厉，所以说“王孙兮归来，山中兮不可久留”。

而王维呢？王维是想归还是想留？

再读诗文，看看能否读到王维的“归去与留下”？

“王维诗中写到的都是非常宜人的美景，这些美景让他很喜欢，他是爱上了这里，所以想留在这里。”赖慧梓说。

“王维好潇洒哦，他说‘随意春芳歇，王孙自可留’，不管花草是不是凋零，我都是要留在这里的。”

这就是王维。“随意春芳歇”，春芳歇了又如何？山中的秋色，山居的惬意，已经如此迷人了，所以啊——王维说“王孙自可留”，山居的生活才是诗人真正向往的生活。“随意春芳歇，王孙自可留”。

王维，又被称为“诗佛”，我在黑板上，静静写下这两个字。

再读诗文，下课，结束第一首诗。

课间眼保健操之后，杨宇轩扬着手里的打印资料跑上讲台惊呼。

“向老师，昨天我查资料时发现，网上关于张继的资料好少啊，连他出生和去世的时间都没有，真是可惜啦。”

“我妈妈说张继在唐朝不是特别有名的诗人。”熙熙一边擦黑板一边补充。

“那没关系，诗人嘛，只要诗有名就很了不起了。”坐在第一排专注看着《曾国藩》的刘以铭抬头补充了一句，然后继续他的阅读。他这句补充透露出一个十一岁少年的价值观，同时也让我思考：他是不是真的可以“一边看书一边听课”？

上学期的某个课间，谢若玄给我讲了一个小故事：“向老师，今天刘以铭上科学课看《曾国藩》被科学老师批评了，他竟然告诉老师他可以‘一边看书一边听课’！”

“后来呢？”

“后来张老师就问了他几个科学实验操作的问题，你猜怎么着？他竟然回答得全部正确。后来你猜怎么着？”谢若玄停下来问我，没等我回答她又继续说，“后来科学老师竟然说：‘有一类人的基因决定了他们可以同时专注于几件事情，刘以铭是不是具有这种基因，有待验证！’”谢若玄真是个讲故事的高手！尽管过去很久了，每天都会收到孩子们奇奇怪怪的故事，但这个故事不一般。

因为谢若玄会讲，也因为这位了不起的科学老师。

（三）不朽的失眠

第二节课预备铃响之后，复习背诵《山居秋暝》。

上课。

“这节课我们要走近一位诗人，历史上没有他的更多故事记载，甚至没有他出生和离世的时间。”受刚才课间孩子们的启发，便这样开启今天的第二节语文课。板书写下：张继。

“但他这首诗却随着历史流淌了一千多年，一直流淌到今天。”

“我们一起听一首歌，要看着屏幕上的歌词听。”

旋律响起，歌词渐变出现。

歌词作者陈小奇说，《涛声依旧》这首歌曲的灵感来自唐诗《枫桥夜泊》。一次偶然重读《枫桥夜泊》，觉得“江枫渔火对愁眠”让人遐想不尽，于是就以此写了这首歌。

“听了这首歌，对照今天要学的诗，你有什么发现？”走进诗文之前，想听听孩子们的声音。

“诗中的很多事物在歌词中出现了，比如渔火、月落、乌啼、钟声，写这首歌的人一定很喜欢这首诗。”经扬说。

“写这首歌的人应该对枫桥这个地方有特殊的情感，而这份情感又过去很久了，所以才会唱‘让它停泊在枫桥边’。”周诗泉说。

“枫桥这个地方可能有作者的一个故事，所以才唱‘今天的你我要重复昨天的故事’。”李骏驰的回答。

似乎都是跟着歌词谈感受，五年级的孩子，能“望词生义”，也是不错的。靠近文字，不也是在阅读吗？

语文，毕竟是无限广阔的。

没有板书，打开课文，读读这首诗，自由读，反复读。

枫桥夜泊

（唐）张继

月落乌啼霜满天，江枫渔火对愁眠。

姑苏城外寒山寺，夜半钟声到客船。

教室里瞬间琅琅书声，放眼望去，一部分同学没有打开语文书朗读，而是直接背诵。孩子们一向以能背诵为傲，一些在《古诗150首》中背诵过这首诗的孩子，哪舍得失去这个展示的机会呀。

“我知道大部分同学都会背诵了，我也能熟练背诵，但是此时，我想和大家一起打开语文书，看着诗中的文字，用心朗读，也许会有不一样的感受，何况，还能看看插图呢！”

大开本的语文书真好，诗文的旁边除了有水墨风的红枫和靠岸的渔船，还有大片的留白，仿佛诗文的背后还有无限的未知。

于是，打开书，一起读。几遍之后，节奏、音韵渐渐出现。

单元主题是“四时景物皆成趣”，从诗中我们能读到哪些景物呢？

月落乌啼、霜天寒夜、江枫渔火、孤舟客子、古寺钟声……

孩子们说着，我依次列出，板书在黑板上，仿佛一幅久远的画。

“月落乌啼——霜——满——天。”

“我们在哪儿见过‘霜’？”

孩子们列举自己曾经的所见——地上、菜叶上、公园的草地里、田野里……唯独没有“天”上。

“为什么诗人却说‘霜满天’呢？”

全场静默，似乎过了很久，依然静默。

“秋处露秋寒霜降”“床前明月光，疑是地上霜。”“停车坐爱枫林晚，霜叶红于二月花。”我用几句孩子们熟悉的诗句打破了此时的静默。

“我记得有霜的时候都特别冷，也许此时诗人太冷了，所以感觉满天都是霜。”罗梓涵说。

“可能是此时的霜实在太大了，近处远处满眼都是，所以就说

‘霜满天’。”

霜天寒夜里，江枫渔火，诗人此时所见。还有吗？

“诗人还听到了乌鸦的啼叫和钟声。”

乌鸦啼叫，民间流传是灾祸发生的预兆，此时，几声凄厉的乌啼还有姑苏城外寒山寺的隐约钟声，让人有怎样的感觉？

“无眠。”

“无法入睡。”

“让人愁。”

此时的张继，为何对愁而眠呢？

“向老师来读一段文字给大家，文字里有故事。”

他落榜了！一千二百年前。榜纸那么大那么长，然而，就是没有他的名字。啊！竟单单容不下他的名字“张继”那两个字。

离开京城吧！议好了价，他踏上小舟。本来预期的情节不是这样的，本来也许有插花游街、马蹄轻疾的风流，有衣锦还乡、袍笏加身的荣耀。然而，寒窗十年，虽有他的悬梁刺股，琼林宴上，却并没有他的一角席次。

船行似风。

江枫如火，在岸上举着冷冷的爝焰，这天黄昏，船，来到了苏州。

……

感谢上苍，如果没有落第的张继，诗的历史上便少了一首好诗，我们的某一种心情，就没有人来为我们一语道破。

一千二百年过去了，那张长长的榜单上曾经出现过的状元是谁？哈！管他是谁。真正被记得的名字是“落第者张继”。有人会记得那一届状元披红游街的盛景吗？不！我们只记得秋夜的客船上那个失意的人，以及他那场不朽的失眠。

——张晓风《不朽的失眠》

张继为何对愁而眠？文字与故事已经做了注解。

这段文字的题目叫——不朽的失眠。

一千多年过去了，张继用《枫桥夜泊》写下了不朽的失眠，还有不朽的枫桥，不朽的钟声，不朽的愁……

伴着清寂的短笛声，齐读世人笔下的张继：

十年旧约江南梦，
独听寒山半夜钟。

——（清）王士祯《夜雨题寒山寺》

几度经过忆张继，
月落乌啼又钟声。

——（明）高启《泊枫桥》

七年不到枫桥寺，
客枕依然半夜钟。

——（宋）陆游

如果说岳阳楼是范仲淹的，旧时北京城南是林海音的，那么——

“枫桥是张继的。”

“寒山寺是张继的。”

“夜晚的钟声是张继的。”

……

我在孩子们的声声回答里，看见他们开始读懂了张继。

故园有何声

11月12日　星期二　阴

一种学问，总要和人之生命、生活发生关系。

——顾随

康熙二十一年，纳兰性德随康熙帝出山海关，祭祀长白山。在北方的风雪声中，在万丈穹庐下安扎的营帐内，将士们辗转反侧，不能入眠。故园在将士们的眼前，也浮现在了纳兰性德的眼前……

长相思·山一程

（清）纳兰性德

山一程，水一程，身向榆关那畔行，夜深千帐灯。

风一更，雪一更，聒碎乡心梦不成，故园无此声。

上阕，将士们翻山涉水，一程又一程，行军的艰难曲折、遥远漫长，豪放中夹杂着词人颇多的无奈。下阕"风一更，雪一更"，夜晚，乡梦破碎，身处"那畔"，心在故园，婉约中旅程和时间被拉得更加漫长。

"明月照积雪""大江流日夜""中天悬明月""黄河落日圆"，此种境界，可谓千古壮观。求之于词，唯纳兰容若塞上之作，如《长相思》之"夜深千帐灯"，《如梦令》之"万帐穹庐人醉，星影摇摇欲坠"，差近之。

——王国维《人间词话》

如此壮丽之“夜深千帐灯”。这是一生多鞍马奔波的词人在风雪之夜的出关路上书写的故园温情。

课前，随意在黑板一角写下“长相思·山一程”。

“这首词的题目是‘长相思·山一程’，是不是都可以用词的第一句作为词的题目？”赖慧梓说。

“可是语文书上为什么只写了词牌名，而把‘山一程’省掉了呢？”万安之满眼疑惑。

比对“卜算子·咏梅”“忆江南”，孩子们不难发现，原来，当词的内容和词牌名要表达的意思一致时，词的题目是可以不要的。“长相思·山一程”，抑或是“长相思”，所要叙述的都是相思之意。

课堂上顺便写出来，只是为了让孩子们知晓，在词的生长历程里，有这样的足迹。

自由朗读《长相思》这首词。注意，仔仔细细地读上四遍。读前两遍的时候注意读通顺，后两遍注意词句内部的停顿，开始。

再读，从题目开始。“长——相——思”“聒碎乡心——梦不成”“故园——无此声”……

“此时，你的脑海里留下了什么印象？”

“我感觉纳兰性德非常想念家乡，想得连梦都做不好了。”

再读，把这种思念感觉读到词里去。音韵之间，有了孩子们对词的理解。

接下来，聊聊孩子们读到了什么。

“再默读几遍，思考一下，作者‘身’在何处，‘心’在何处？”

教室瞬间安静了，课堂上，我很享受这样的安静。“我需要的，是要使所有的学生都进行思考。”（苏霍姆林斯基）

“作者身在前往山海关外的路上，心在故园，也就是家乡。”

“身在关外，心在家中。”

“身在山海关那边，心在妻子儿女亲人那儿。”

“此时，作者身在营帐中，心在温馨的家中。”

随着孩子们的回答，画面的视域忽大忽小。几遍的朗读中，孩子们已经读到了《长相思》里的身心异域。

自己能读懂的，老师就不讲了。但老师，可以让你们的想象远一点，再远一点——

“风一更，雪一更，故园无此声，故园，有的是什么声？”

一曲《相思曲》回荡在教室，孩子们开始书写“故园之声”……

期待，一节课，一种历史里的相思，在孩子们的文字深处绽放。

四时皆成趣

11 月 14 日　星期四　晴

（一）晨读：《三衢道中》

农历十月的长沙，阳光鲜亮而慵懒。

习惯了提前几分钟进教室听孩子们的课间闲聊，看孩子们课间玩耍。这种真实而自由的生命状态，是在课堂上看不到的。

教室里闹哄哄的，陈乐卿迎上来，满脸惊讶：“向老师，窗台上枯死好久的树苗竟然发芽了！”几个男生已经把花盆搬到了课桌上，围着桌子认真研究，刘以铭背对着讲台大叫：“大家快来看‘枯木发芽’奇观！走过路过，不要错过。”

上课铃响起，黄一仓慌忙抱着花盆奔向窗台边。

阳光斜斜地照射着白色的花盆，一株本来已经干枯的月季上，隐隐长出了嫩红的新芽。

我在黑板上写下“十月小阳春”。眼前浮现了小时候每当这个季节家门前田野里乡亲们翻地播种的场景。

“十月小阳春，你们看，这棵月季正赶着这个时光长新芽呢！”

课前诵读开始。

今天是杨芯朵领读。今天是《日有所诵》中的《三衢道中》。

三衢道中

（宋）曾几

梅子黄时日日晴，小溪泛尽却山行。

绿阴不减来时路，添得黄鹂四五声。

“梅子黄时”写出了时令的美好，音韵里，“日日”两个入声字似乎道出了这个季节“晴”得果断而坚决。“绿阴不减”“添得黄鹂”里跳跃着初夏时宁静的幽趣和诗人山行时轻松愉快的心情。于是，明快自然、极富有生活韵味，成了全诗的基调。

杨芯朵先领读，她娇柔的声音，有如黄鹂般婉转。全班再齐读，一遍，两遍。

第三遍，能背诵的一起背，不能背诵的可以跟着大家继续读。这种被包裹的安全感让孩子们对课前诵读总是热情不减。五年来，一直如此。

孩子，天生是喜欢诵读的。

“向老师，这里说‘梅子黄时日——日——晴’，但我记得有一首诗中又说‘黄梅时节家家雨’，这是为什么呢？”李骏驰的眼里折射出的是无尽的疑惑——那是一个孩子对古诗的科学求真。

“曾几是一位旅游爱好者，这首诗是他畅游浙江三衢山时写的。‘梅子黄时’正是江南梅雨时节，还记得吗？回忆一下，我们学校操场边那几棵杨梅树，树上果子即将成熟的时候是不是经常下雨？难得有这样‘日日晴’的好天气，因此诗人的心情自然也为之怡然，乘着小舟泛溪而行，溪尽而兴不尽，于是进山继续行走，阳光照耀下，绿树荫浓，黄鹂啼啭，幽韵悦耳，如此愉悦，是对‘日日晴’的惊喜。往年，或许都是怎样的呢？”

“家家雨。”几个孩子回答道。

科学地提问，也可以文学地回答。

悟境，悟情，不过如此。

（二）四季之美

昨天想把周作人翻译的《四时的情趣》发给孩子们回去先预读，最终还是放弃了。

第一节课学习课文《四季之美》。

开课，聊四季之美。

“春天最美是百花盛开，树木发芽。”

“夏天最美是绽放的荷花。”

“秋天最美是金黄的落叶。”

“秋天最美是金黄的田野。”

……

课堂上，第一个思维往往会决定其他孩子的发言方向。比如此时，孩子们眼中的四季之美尽在花草景致中。

这是寻常的角度。

那么，语文课堂需要一点不寻常的启发，方才不枉语文之“语”

与语文之“文”。

孩子轻轻地朗读课文。这个间隙我在黑板上写下：

春天最美是
夏天最美是
秋天最美是
冬天最美是

刚才，我们眼里的四季之美，是各种花草景物，这是一种事物的角度，但是作者写的是什么?

“四个时刻。”

春天最美是黎明
夏天最美是夜晚
秋天最美是黄昏
冬天最美是早晨

春夏秋冬，四时转换，美的格调自然不同。

这是一种时空的——视角。（板书：视角）

千年前，这位超然的女子，她用纯净、细腻的笔触，选择了与春夏秋冬四季相对应的黎明、夜晚、黄昏、早晨来咏唱。

春天最动人的是黎明的色彩和天空的柔和；夏天最迷人的是夜晚的幽静，是萤火虫的翩翩飞舞，或者月夜、暗夜、雨夜都无妨，即使是星星点点朦胧的微光，也足够唤起美的感觉；秋天最动人的是夕阳西下时的点点归鸦，是比翼的大雁，还有风声虫鸣的合奏；还有冬天的早晨，白的雪在眼前，暖和的火盆捧在手心。仿佛细细碎碎，仿佛信笔随写，春天的绵软，夏天的生趣，四时的和谐，日常的风物……

如果没有女性的宽厚慈爱，如果没有对生命的热爱，如果没有内心的娴静，怎会有这样的文字。

认识这位有着寻常心的传奇女子——清少纳言。

日本　平安时期　宫中女官

借助几个词的板书，讲清少纳言的故事——

姓名已不可考，只知其原姓清原，自幼熟读汉文。高贵的出身、良好的教育和稳定的环境，给予了清少纳言不寻常的超然与优雅，柔软细腻的心，给予了她对世间万物的深情……

五年级了，依然喜欢听老师讲述，依然喜欢故事。

教室里，安静极了。

没有人说话，只是静静地汲取、静静地生长着。

临近下课，并行读周作人和林文月翻译的《四季之美》。

文章打在课件里，一句一句，《空山鸟语》的背景音乐中，慢慢地读给孩子们听。

因为想用自己的声音传递给孩子们一个信息，这样文字，需要慢慢地、慢慢地读一遍，再读一遍。

四季之美

［日］清少纳言著，卞立强译

春天最美是黎明。东方一点儿一点儿泛着鱼肚色的天空，染上微微的红晕，飘着红紫红紫的彩云。

夏天最美是夜晚。明亮的月夜固然美，漆黑漆黑的暗夜，也有无数的萤火虫翩翩飞舞。即使是蒙蒙细雨的夜晚，也有一只两只萤火虫，闪着朦胧的微光在飞行，这情景着实迷人。

秋天最美是黄昏。夕阳斜照西山时，动人的是点点归鸦急急匆匆地朝窠里飞去。成群结队的大雁，在高空中比翼而飞，更是叫人感动。夕阳西沉，夜幕降临，那风声、虫鸣，听起来也愈发叫人心旷神怡。

冬天最美是早晨。落雪的早晨当然美，就是在遍地铺满白霜的早晨，或是在无雪无霜的凛冽的清晨，也要生起熊熊的炭火。手捧着暖和的火盆穿过走廊时，那闲逸的心情和这寒冷的冬晨多么和谐啊！只是到了中午，寒气渐退，火盆里的火炭，大多变成了一堆白灰，这未免令人有点儿扫兴。

四时的情趣

[日]清少纳言著，周作人译

春天是破晓的时候最好。渐渐发白的山顶，有点亮了起来，紫色的云彩微细地飘横在那里，这是很有意思的。

夏天是夜里最好。有月亮的时候，不必说了；就是暗夜里，许多萤火虫到处飞着，或只有一两个发出微光点点，也是很有趣味的。飞着流萤的夜晚连下雨也有意思。

秋天是傍晚最好。夕阳辉煌地照着，到了很接近山边的时候，乌鸦都要归巢去了，三四只一起，两三只一起急匆匆地飞去，这也是很有意思的。而且更有大雁排成行列飞去，随后越看去变得越小了，也真是有趣。到了日没以后，风的声响及虫类的鸣声，不消说也都是特别有意思的。

冬天是早晨最好。在下了雪的时候可以不必说了，有时只是雪白地下了霜，或者就是没有霜雪但也觉得很冷的天气，赶快生起火来，拿了炭到处分送，很有点冬天的模样。但是到了中午暖了起来，寒气减退了，所有地炉以及火盆里的火，都因为没有人管了，以致容易变成白色的灰，这是不大好看的。

枕草子

[日]清少纳言著，林文月译

春，曙为最。逐渐转白的山顶，开始稍露光明，泛紫的细云轻飘其上。

夏则夜。有月的时候自不待言，无月的暗夜，也有群萤交飞。若是下场雨什么的，那就更有情味了。

秋则黄昏。夕日照耀，近映山际，乌鸦返巢，三只、四只、两只地飞过，平添感伤。又有时见雁影小小，列队飞过远空，尤饶风情。而况，日入以后，尚有风声虫鸣。

冬则晨朝。降雪时不消说，有时霜色皑皑，即使无雪亦无霜，寒气凛冽，连忙生一盆火，搬运炭火跑过走廊，也挺合时宜；只可惜晌午时分，火盆里头炭木渐蒙白灰，便无甚可赏了。

慢慢地，慢慢地。

读一遍，再读一遍。

“这是很有意思的。”——《枕草子》中，清少纳言如是说。

至于更喜欢哪一篇，那是孩子们自己的事。

老师，只管带进课堂。

还是《鸟的天堂》

11月18日　星期一　雨

（一）雨滴，乖乖地排成一队

昨天开始下起了小雨，今天升旗仪式在教室里进行。

立冬以后的雨天，明显添了几分寒意。

教室走廊的栏杆上挂着孩子们的各色雨衣，原本萧瑟的冬日便多了一些鲜亮的生机。想起二年级时周诗泉写的一段话：

雨衣在栏杆上挂满了一排
雨滴就悄悄躲到了雨衣的脚下
他们也乖乖地排成了一队呢

此时，雨衣上的雨滴正“躲在雨衣的脚下”，“也乖乖地排成了一队呢”。

在这之前，我经常看到排成一排的雨衣，从未曾“看见”过“乖乖地排成了一队的雨滴”。

孩子的眼里呵，总有我们看不见的世界。

鲁迅先生说：“孩子是可以敬服的，他常可以想到星月以上的境界，想到地面以下的情形，想到花卉的用处，想到鱼虫的语言，他想飞上天空，他想潜入蚁穴……”

（二）“不信东风唤不回”

课前诵读《送春》。

送春

（宋）王令

三月残花落更开，

小檐日日燕飞来。

子规夜半犹啼血，

不信东风唤不回。

“为什么不能？凭什么你说不能就不能？冬天里更需要春天，你才不懂呢！再说了，《日有所诵》都是这样编排的。”

一走进教室，就听见罗梓涵对着几个男生大叫，语气中传达着愤怒和委屈。

问及原因，原来是罗梓涵今天领读《送春》，几个男生笑话她“不懂”，在冬天读《送春》，应该送“冬”还差不多。于是，罗梓涵极度不服气：“冬天里才需要‘送春’，春天本来就有春，还需要送春吗？”

哈哈，真是一场诗意的争吵。

几遍诵读下来，基本能集体背诵。那就来聊聊“送春”吧。

花落了又重开，燕子离去了还会回来。“谁送春？”

“诗人自己。”

“残花。”

“屋檐下的燕子。”

“大自然。”

孩子们的回答，一个比一个开阔。

然而那眷恋春光的杜鹃，却半夜三更还在悲啼，不相信东风是唤不回来的。

“谁不信唤不回春天？”

“杜鹃不相信唤不回，所以一直在呼唤。”

"不信东风唤不回"——花开花谢，燕子往来，虽然已至暮春，但春光未逝，生机犹存。

杜鹃啼鸣，三更不绝，如此执着。

《鸟的天堂》上周已经学完第一课时。

词语听写错得最多的是"暇"字的"日"字旁写成了"目"字。谢若玄说："我写错的原因是我认为'应接不暇'是眼睛看不过来，所以写成了目字旁。"

"是的，我也以为'不暇'就是没有眼睛看了。"

自从三年级开始读《细说汉字》以来，孩子们慢慢地乐于自己解字，有了字源的思维，错了也无妨。文字，本来就是劳动人民创造的。

"在社会里，仓颉也不止一个，有的在刀柄上刻一点图，有的在门户上画一些画，心心相印，口口相传，文字就多起来了。"（鲁迅《门外文谈》）

在黑板上写下：应接不暇。

讲述这个从《世说新语》中走出来的成语——

晋朝时期，"书圣"王羲之的儿子王献之，少负盛名，才华过人，尤其喜爱游山玩水。一次游山回来，对友人描绘路上所见的景色说："'从山阴道上行，山川自相映发，使人应接不暇。'从山阴道上走过时，一路上山光水色交相辉映，使人眼花缭乱，看不过来。"

（三）从"雀墩"到"鸟的天堂"

"鸟的天堂"从何而来？

教了无数次的《鸟的天堂》，鸟的天堂似乎依然遥远，如同传说一般。直到2014年初夏，带女儿去了一趟广东新会，鸟的天堂，从此便从语文书和教学资料上来到了眼前。

这种感受，我想讲给孩子们听。

“向老师几年前去过一次鸟的天堂。”话一出口，孩子们齐刷刷抬头，静静望着我，仿佛在等待故事的开始。那就在走进巴金先生的“鸟的天堂”之前走进向老师的“鸟的天堂”吧。

毕竟，这样可以更近一点点。

“那次，我和我女儿去了广东新会，就是为了看那‘一棵有几百年树龄的独木成林的大榕树’。当地人称为‘雀墩’。”

“傍晚时分，那种百鸟出巢的情景十分壮观，一批批灰鹭排着队出发，听导游说，是要飞到周边一带的浅滩上去觅食。起飞时，总是先由一只负责召集的灰鹭从古榕树的一头飞到另一头，有时还飞到隔江的小岛，目的是呼朋引伴，催促同类赶紧趁着暮色外出觅食。不过几分钟，在领头鸟的带领下，一群大大小小的灰鹭便陆续从林子里飞出，叽叽喳喳，扑棱扑棱，热闹极了，这种情景每次大约持续半个小时。当灰鹭都离开以后，鸟的天堂便慢慢静下来了。”

“那飞出去的灰鹭什么时候回来呢？”杨宇轩总是着急故事情节的推进，睁着大眼睛等着我回答。

虽然五年级了，但毕竟还是孩子，故事依然是第一吸引力。

“观看了灰鹭离开的场面后，天色渐渐暗下来了，我们也就回酒店了。当地的导游告诉我们，第二天清晨，飞出去的灰鹭经过一夜辛勤劳动，就会满载而归。”

“那是不是鸟的天堂里，晚上是没有鸟的？”刘以铭的问题总是有着科学的求真。

于是，我继续把导游告诉我的、我还依稀记得的讲给孩子们听。

“当从四面八方飞回来的灰鹭早上回到古榕树时，伏在榕树上整整一晚的白鹭们便也开始成群结队地出发去觅食了。就这样，白鹭早出晚归，灰鹭则夜作昼息，一早一晚，鹭群们一出一归，它们相互更替，井然有序，构成了壮观的‘鸟的天堂’，据说这一自然景象延续至今已有三百八十年的历史。”

1933年，巴金到“雀墩”游玩，看到了漫天飞舞的小鸟，停船欣赏百鸟争鸣的场景，久久不愿离去。回到上海后写了散文《鸟的天堂》，记述了这次快乐的旅程，“鸟的天堂”从此替代了“雀墩”。

（四）怎样的茂盛？怎样的安静与热闹？

接下来，读课文，读完思考：“这是一棵怎样的树？用一个词概括。”

“茂盛！”几乎是异口同声，好像是不假思索。

那就直接进入下一个问题。“那是怎样写‘茂盛’的呢？”

先用朗读抵达吧。

于是，教室里，师生一起，用声音靠近文字……

我们的船渐渐逼近榕树了。我有机会看清它的真面目，真是一株大树，枝干的数目不可计数。枝上又生根，有许多根直垂到地上，伸进泥土里。一部分树枝垂到水面，从远处看，就像一株大树卧在水面上。

榕树正值茂盛的时期，好像在把它的全部生命力展示给我们看。那么多的绿叶，一簇堆在另一簇上面，不留一点儿缝隙。那翠绿的颜色，明亮地照耀着我们的眼睛，似乎每一片绿叶上都有一个新的生命在颤动。这美丽的南国的树！

“在哪儿读到了‘茂盛’？”朗读之后，问题继续。

“这棵树的枝干数量多，‘真是一株大树，枝干的数目不可计数’。”

“叶子也很多，你看‘那么多的绿叶，一簇堆在另一簇上面，不留一点儿缝隙’。”

“哦，数量多、丰富就是茂盛，还有不同的‘茂盛’吗？”临时的追问是受启发于孩子们围绕“多”来解读茂盛。

“我觉得‘那翠绿的颜色，明亮地照耀着我们的眼睛，似乎每一片绿叶上都有一个新的生命在颤动’。这里说‘那翠绿的颜色’，只有茂盛的树才会有翠绿的感觉，那种叶子不太多的树，好像是偏黄的绿色。而且，这里还有新的生命在跳动，这棵树还会更加更加茂盛。”赖慧梓的两个“更加”，是对生命生长的最好解释。

突然感觉，赖慧梓的回答，就像周诗泉在讲述“雨滴乖乖地排成了一队呢”。

或许，你永远无法猜到，孩子的眼里藏着一个怎样的大自然。

读明白了这棵大树，该静静欣赏大树上百鸟啼鸣的盛景了。单元语文要素的“动静结合”在《四季之美》中没有提及，在这里，该出现了。

早与晚，不重要，重要的是一切刚刚好。

我一直相信，儿童语言与思维的发展，如同自然万物一样，有其自身的节令和适合的场域。

那么——

“读读课文，画记一下文中哪些地方写了静态的‘鸟的天堂’，哪些地方写的是动态的。”

一起读，几乎大部分孩子，都能在作者第二次去看榕树的部分，在不同的节奏中感受到文字间的动态——一声鸟鸣忽起，于是，“到处都是鸟声，到处都是鸟影”，从听觉的“声”到视觉的“影”，“影”与“声”都是纷繁的热闹。“大的，小的，花的，黑的，有的站在树枝上叫，有的飞起来，有的在扑翅膀……”更是流动着生机勃勃的情调。

“到处都是鸟声，到处都是鸟影。”

“大的，小的，花的，黑的，有的站在树枝上叫，有的飞起来，有的在扑翅膀……”

无须讲解，只是反复读，一遍遍，节奏和语气都在神奇地变化。

“读着读着，有什么感觉？”

“感觉作者越来越想把鸟儿数清楚，却越来越数不清楚了。”

“感觉作者越来越激动了，这只，那只，那只，另一只……”

“感觉作者很着急，所以说的都是一个一个的词，而不是句子了。”

谢若玄用自己的语言表达了什么是“以词为句，长短错落，给人以急促的动感”，韩宗儒是不是在间接地表达“看清楚了这只，又错过了那只，看见了那只，另一只又飞起来了”中的顶真与连贯呢？

或许，已不必说。

记住伏尔泰那句名言“无趣的奥秘便在于说出一切”。

课堂，何尝不是如此。

临近下课，拿出巴金先生1933年游完“鸟的天堂”后，为记述这段愉快的旅程，发表在《文学季刊》（1933年8月1日第一卷第2号）上的原文。孩子们应该不知道，在那段动荡的岁月，那个叫“雀墩”的一方乐土，在巴金先生的笔下焕发成了一曲清幽的田园牧歌。

不过，也无妨。

我们也曾在读不懂父亲的时候读了《背影》，读不懂母亲的时候读了《慈母情深》。

当我们也成为父亲或母亲时，这一切便成了回望。

鸟的天堂

（原载于《文学季刊》1933年8月1日第一卷第2号）

我们在陈的小学校里吃了晚饭。热气已经退了。太阳落下了山坡，只留下一段灿烂的红霞在天边，在山头，在树梢。

“我们划船去!”陈提议说。我们正站在学校门前池子旁边看山景。

“好。”别的朋友高兴地接口说。

我们走过一段石子路，很快地就到了珠江边。那里有一个茅草搭的水阁。穿过水阁，在河边两棵大树下我们找到了几只小船。

我们陆续跳在一只船上。一个朋友解开绳子，拿起竹竿一拨，船缓缓地动了，向河中间流去。

三个朋友划着船，我和叶坐在船中望四周的景致。

远远地一座塔耸立在山坡上，许多绿树拥抱着它。在这附近很少有那样的塔，那里就是朋友叶的家乡。

河面很宽，白茫茫的水上没有波浪。船平静地在水面流动。三只桨有规律地在水里拨动。

在一个地方河面变窄了。一簇簇的绿叶伸到水面来。树叶绿得可爱。这是许多棵茂盛的榕树，但是我看不出树干在什么地方。

我说许多棵榕树的时候，我的错误马上就给朋友们纠正了，一个朋友说那里只有一棵榕树，另一个朋友说那里的榕树是两棵。我见过不少的大榕树，但是像这样大的榕树我却是第一次看见。

我们的船渐渐地逼近榕树了。我有了机会看见它的真面目：是一棵大树，有着数不清的丫枝，枝上又生根，有许多根一直垂到地上，进了泥土里。一部分的树枝垂到水面，从远处看，就像一棵大树躺在水上一样。

现在正是枝叶繁茂的时节（树上已经结了小小的果子，而且有许多落下来了），这棵榕树好像在把它的全部生命力展览给我们看。那么多的绿叶，一簇堆在另一簇上面，不留一点缝隙。翠绿的颜色明亮地在我们的眼前闪耀，似乎每一片树叶上都有一个新的生命在颤动，这美丽的南国的树!

船在树下泊了片刻，岸上很湿，我们没有上去。朋友说这里是“鸟的天堂”，有许多只鸟在这棵树上做窝，农民不许人捉它们。我仿佛听见几只鸟扑翅的声音，但是等到我的眼睛注意地看那里时，我却看不见一只鸟的影子。只有无数的树根立在地上，像许多根木桩。地是湿的，大概涨潮时河水常常冲上岸去。“鸟的天堂”里没有一只鸟，我这样想道。船开了。一个朋友拨着船，缓缓地流到河中间去。

在河边田畔的小径里有几棵荔枝树。绿叶丛中垂着累累的红色果子。我们的船就往那里流去。一个朋友拿起桨把船拨进一条小沟。在小径旁边，船停住了，我们都跳上了岸。

两个朋友很快地爬到树上去，从树上抛下几枝带叶的荔枝，我同陈和叶三个人站在树下接。等到他们下地以后，我们大家一面吃荔枝，一面走回船上去。

第二天我们划着船到叶的家乡去，就是那个有山有塔的地方。从陈的小学校出发，我们又经过那个“鸟的天堂”。

这一次是在早晨，阳光照在水面上，也照在树梢。一切都显得非常明亮。我们的船也在树下泊了片刻。

起初四周非常清静。后来忽然起了一声鸟叫。朋友陈把手一拍，我们便看见一只大鸟飞起来，接着又看见第二只，第三只。我们继续拍掌。很快地这个树林变得很热闹了。到处都是鸟声，到处都是鸟影。大的，小的，花的，黑的，有的站在枝上叫，有的飞起来，有的在扑翅膀。

我注意地看。我的眼睛真是应接不暇，看清楚这只，又看漏了那只，看见了那只，第三只又飞走了。一只画眉鸟飞了出来，给我们的拍掌声一惊，又飞进树林，站在一根小枝上兴奋地唱着，它的歌声真好听。

“走吧。”叶催我道。

小船向着高塔下面的乡村流去的时候，我还回过头去看留在后面的茂盛的榕树。我有一点的留恋的心情。昨天我的眼睛骗了我。“鸟的天堂”的确是鸟的天堂啊！

（《鸟的天堂》巴金著，长江文艺出版社，2019 年版，第 3 页）

古诗里的童年

2020 年 4 月 28 日　星期二　晴

（一）田间地头的游戏

第一单元第一课，范成大的《四时田园杂兴》，杨万里的《稚子弄冰》，雷震的《村晚》，三幅恬静优美、和谐悠然的乡村童年风光画卷。

新型冠状病毒肺炎疫情期间已经要求学生进行了预习。

一、自学生字词，把三首古诗词读熟，读出节奏和韵律。

二、结合注释，想一想每一句的意思，看看每首诗里的儿童在干什么，你的眼前出现了什么样的画面，你有什么样的感受，批注在旁边。

三、熟读成诵，默写三首诗。

课前查阅了孩子们的默写、批注情况，默写都完成得很好，谢若玄的笔记清晰而漂亮。

“你觉得这三首诗里最好玩、最有趣的是哪一首？”面对已经完成了自学的孩子们，我们需要一起走进诗中。

“我觉得三首诗中最好玩、最有趣的是《稚子弄冰》，因为这首诗讲了一个完整的故事。清晨，几个小孩，将夜间冻结在盘中的冰块脱下，然后小心地用彩线穿起来当作乐器，提在手中，轻轻敲打，冰块发出好听的响声，这声音好像是穿林而过，其他的小朋友在欣赏这有趣的游戏时，忽然听到了另一种声音——冰块落地，就像玻璃碎了发出的声音。”喜欢讲故事的毅然用故事的方式走进了诗中。

乡村的童年游戏，往往来自田间地头。

宋孝宗淳熙年间，每当立春前，山村乡野都会有用土牛打春的习俗，以示迎春和劝农。当地的长官执彩鞭击打春牛三匝，接着众农民将自制的春牛打烂，彩鞭挥舞之间，便有了儿童的喜悦。在常州上任的杨万里，看到了儿童模仿大人们鞭打春牛的游戏，于是便写下了：

稚子金盆脱晓冰，
彩丝穿取当银钲。
敲成玉磬穿林响，
忽作玻璃碎地声。

全班一起读这首简单的白描诗，在孩子们的声音里，却能咀嚼出丰富的味道：寒冷的早晨，一群孩子，他们取冰、穿线、敲冰、奔跑……这些画面一帧一帧出现在眼前。还有孩子提着冰敲出来的声音，清越悠长，冰块碎落的声音，尖锐刺耳……

“除了动作和声音，你还能从诗中读到什么？”尽管生长在城里，但同为孩子，我相信他们一定有他们的感悟。于是，我发问。

“在读这首诗的时候，我可以想象到那几个小孩子一清早起床后，小心翼翼地制作他们的‘乐器’时的专注。”汐汐说得眉眼飞扬。

“我想他们看到自己精心制作的‘银钲’摔在地上破碎时，一定非常沮丧。”韩宗儒说。

继续咀嚼——

“这些画面、这些声音，让一旁的杨万里——”我想引导他们来到诗人的视角。

“让一旁的杨万里心生愉悦。”

“对儿童无比喜悦。”

是啊，泛读杨万里的诗作，乡村的童年，遍布其中。

“田夫抛秧田妇接，小儿拔秧大儿插。”

“戏掬清泉洒蕉叶，儿童误认雨声来。”

“日常睡起无情思，闲看儿童捉柳花。”

没有一颗率真的童心，哪有这样活泼泼的诗句。

（二）“我去摘了几朵花……”

下午第一节语文课，已有几分湿热的阳光斜进教室，映照在靠窗一组同学们的桌上。上课前，几个孩子围一圈借着这跑进教室的阳光做手影。若隐若现的变幻中，孩子们兴奋不已。

上课十分钟了，我们正在朗读《四时田园杂兴》（其三十一），罗志峰才喘着粗气跑进教室，手里紧紧拽着一个袋子。我望着站在门口的他，希望他能主动告诉我迟到的原因。他低着头，紧张地望着自己的袋子，似乎想把袋子藏到身后，又觉得无处可藏。我预料，今天的迟到应该跟这个袋子有关。身后几十双眼睛也静静地望着他。于是，我没有再问，“我们已经快读完一首诗了，赶快回座位。”我故意忽视他紧张的神态。

他迅速地回到座位上进入学习状态，眼神和举动里都透露出如释重负的感激。

范成大的《四时田园杂兴》（其三十一）。

读题，发现了什么？

“这是范成大写乡村田园生活的诗歌，应该写了很多首，这是其中的第三十一首。”谢若玄虽然只是望题生义。能“望题生义”也是不错的，这是读诗必须经历的阶段。

“这是‘杂兴’，可能是随便说点乡村田园的事。”

“应该写了四个季节的乡村田园生活。”

“这是一首宋诗……”

“哈哈哈……”在韩宗儒踌躇之时，大家笑了，“当然是宋诗啊，这个还用发现吗？”

“向老师以前讲《赠刘景文》时曾经说过，宋代的诗人喜欢议论，发表自己的看法，但这首诗里好像没有，诗人一直都在描述自己看见的东西。”韩宗儒补充道。

跟着韩宗儒的回答，隐约记起以前的某一天，我们读到“一年好景君须记，最是橙黄橘绿时”，我好像说过，苏轼写诗好发议论，宋代的诗人都爱发议论，你看苏轼写这首诗，虽然荷已尽，菊已残，但他却拥有着自己的“橙黄橘绿”。苏轼写这首诗，或许不仅仅是为了赞美秋色的美好吧。

课堂上无意的交流，却流进了孩子们的心中，一直珍藏到了今天，或许还有往后的日子。

这是我没有想到的。

四时田园杂兴（其三十一）

（宋）范成大

昼出耘田夜绩麻，
村庄儿女各当家。
童孙未解供耕织，
也傍桑阴学种瓜。

朗读几遍，逐渐熟练轻松。

提醒平长仄短，再读——

昼出耘田——夜绩麻——
村庄儿女——各当家——
童孙未解——供耕织——
也傍桑阴——学种瓜——

“ɑ”韵明朗愉悦。几遍诵读完，教室里的声音变得绵延、婉转、有起伏、有情感了，乡村的平和悠然流露出来，诗人对农民的辛苦、希望和欢乐的深切了解，似乎也流露出来了。

五年级了，知人论诗，是孩子们喜欢的。

范成大，这位南宋绍兴年间进士，因与宋孝宗意见不合，晚年退居故乡石湖，在石湖度过了长达十年的晚年生活，写下了《四时田园杂兴六十首》。十年时间，范成大一边回忆旧日往事，一边在石湖边记录自己的所悟所见。无论是日常返乡，还是遭遇弹劾，范成大只要来到石湖，就会沉醉于石湖的湖光山色中，沉醉在石湖乡村的春夏秋冬里。

同样是晚春的此时，透过课本，穿过文字，想起那年在石湖书院所见的抱柱联：“万里记吴船，蜀水巴山经过处；千秋崇庙祀，行春串月感怀时。”

书院外，范成大的铜质塑像端居于上，他手执书卷，目光清澈。

故园，永远是游子的乐土。

再读，一遍，两遍，好一派乡村四月景象。

“读着读着，我好像感受到了乡村四月那种忙碌的画面。田里，地里，村庄旁，到处是劳作的人们。”

“我的感觉跟赖慧梓的不一样，我感觉这种画面是忙碌而安静的，大家各自都在静静地忙碌，那种忙碌是一种悠闲的忙碌。”魏莱的表达中，有着对乡村深深的感受——这或许是因为经常在乡下爷爷家度过，得到了乡村的滋养。

乡村，真是极好的课堂。

不经意间，就满足儿童无限的好奇与想象。

历经喧嚣归来的范成大也一样。

石湖的春日、晚春、夏日、秋日、冬日，四时杂兴，每一个时刻都有景象从心中升起。

一起对着课件朗读，走进范诗人眼中心中的田园。

梅子金黄杏子肥，
麦花雪白菜花稀。
日长篱落无人过，
惟有蜻蜓蛱蝶飞。

夏初时节，一树树梅子变得金黄，杏子也越长越大了；荞麦花一片雪白，油菜花倒显得稀稀落落。农民们勤劳地在田间劳动，村庄静如止水，阳光下只有篱笆的影子在路边静默，昼长人稀，唯有蜻蜓和蝴蝶随风翩飞。无一字言农事，无一语写劳动，然而，句句诗都是农人生活的真实面貌。

租船满载候开仓，
粒粒如珠白似霜。
不惜两钟输一斛，
尚赢糠核饱儿郎！

诗人不仅写石湖乡村的金黄梅子雪白麦花，还会写农民全年的辛苦收成，被官府巧榨豪夺得几乎一干二净。可怜，孩子只能靠点点粗糠来填饱肚子了。诗人满腔悲悯地画出这幅农民的血泪图。

“诗比历史更真实”呵！

下课了，罗志峰怯怯地走到讲台上，我想起上课前拽在他手上的那个袋子。

“为什么迟到了？”

“我去路边摘了几朵花，就迟到了……这一朵是送给你的，其他的是送给数学老师和英语老师的。”

接过一朵小小的栀子花，清香迎面扑来。

他低垂的眼神告诉我，无须再进行言语“教育”。

我把栀子花插在讲台上，芬芳一教室。

（三）无腔信口

谷雨已过，暮春的长沙，处处洋溢着温和，如同这个季节的阳光。

昨天学完了《稚子弄冰》和《四时田园杂兴》（其三十一），感受了古诗里的童年，古诗里的田园，古诗里的泥土与汗水。

和着孩子们的晨读声，我把《村晚》抄写在黑板上。

晨光中，他们热烈地诵读，我静静地书写。音韵里，撇捺间，都有各自的节奏。

第一节课，两分钟的预备时间，魏莱带着大家诵读《村晚》。几遍反复下来，声音变得舒展、轻盈了。

又一首满是田园味道的诗。

“这个‘ei’韵是什么感觉？”我不知道我这个问题会得到怎样的回答。因为无数次，我带着心中既定的答案向学生提问时，总会收到意料之外的惊喜或沮丧。或许这才是课堂的本来面目。此时，我心里已写下了“‘ei’韵是悠闲而自由的”这样的答案。

“这个‘ei’韵让我想起了‘梅子金黄杏子肥’这句诗，感觉是不是这个‘ei’韵都会在田园诗中出现？”韩宗儒一改平时的自信与激昂，悠悠地说着，似乎不太确定。

“‘ei’韵让我想到了‘桃花流水鳜鱼肥’。”第一个回答问题的孩子总会左右其他人的思维。此时，或许很多孩子都在寻找以“肥”字结尾的诗歌。

"'葡萄美酒夜光杯，欲饮琵琶马上催。'这个'ei'韵就不在田园诗里。"万安之的回答把孩子们的思维拉到了"肥"之外，也把我的思维拉到了田园的悠然自由之外。

再读，让声音引路吧。

草满池塘水满陂，山衔落日浸寒漪。

牧童归去横牛背，短笛无腔信口吹。

首句"草满池塘"，春末，池塘里已经长满青草，谢灵运有诗"池塘生春草"，此处用"满"易"生"，应该是节令的不同吧。我说此时的乡村，草色正浓，似乎田间地头水边池塘都是。

这群都市里长大的孩子，静静地望着我，满眼好奇，满眼陌生。

"水满陂"，是说正逢多雨季节，因此水涨得很高。

"再读'草满池塘水满陂'，发现了什么？"

"一句诗中有两个'满'字。"很直观的发现也是发现，直观是通往深度感悟的必经之路吧。

两个"满"字，写出江南仲夏乡村景象，写出了乡野的生机一片。

接下来的"山衔落日浸寒漪"，一个"衔"，写日薄西山，一个"浸"，写远山落日相映。仿佛展开的是一块小小的画布，画中一口小小的池塘，池中绿草萋萋，春水泱泱，青山与落日，"浸"在其中。小小池塘，虽无大气象，但也多了几分热闹与几分绚丽。

牧童归去（重读）横牛背（重读），短笛无腔信口吹。

"第三句两个仄声，这是什么感觉？"

"去""背""去""背""去""背"……孩子们抓着这两个字反复体味，教室里一片"去""背"声。

“牧童归去（重读）横牛背（重读），感觉好神气，一切都可以牧童自己做主。”哈哈，我能明白谢若玄要表达的意思。

此时，在诗歌面前，我和孩子情同此心。

一个“横”字，写出了牧童是不需要守规矩的，就是谢若玄说的可以自己做主，随意横坐在牛背上，想怎么骑就怎么骑，横也罢，竖也罢，不仅这样，还有吹笛呢，则是“无腔信口”。

“什么是‘无腔’？”

“就是没有腔调。”

“就是不用像我弹钢琴一样按曲谱弹，而是乱弹，想怎么弹就怎么弹。”

哈哈，想怎么弹就怎么弹，教室里一片哄笑。哄笑的背后，有孩子们对自由的向往，那是“想怎么弹就怎么弹”的自由，是“无腔信口吹”的精神飞扬。

关于诗人雷震，了解甚少，关于成诗背景，似乎也无从考证。

只是，透过《村晚》，读到了诗人的悠然超凡和山村里世外桃源般的画面——无论是色彩，还是布景，都恬静、美好。

祖父的园子

4月30日　星期四　晴

（一）又见《蒹葭》

上学期霜降那天和学生一起诵读了《蒹葭》，那次是赖慧梓自由选择的诵读篇目，依稀记得那次我们聊了在水一方的“伊人”。今天，我们在《日有所诵》第一单元中又遇见了《蒹葭》。

成长，便在这无数的遇见之间。

昨天放学后，几个孩子合作抄写在黑板上。抄得很用心，三节，分别用了不同颜色的粉笔。文字旁边还配了插画，感觉是一些参差的杂草。

对着黑板凝神一阵，夸张而故作疑惑道："写得真好，只是不明白为什么要配上一丛丛杂草？"

"向老师，这可不是草，这是蒹葭呀！"

"向老师，这是一种古老的草，它和车前子一样来自古老的《诗经》。"

真让人喜悦，我清晰记得，上次带他们在屋顶农场玩时，我曾这样诗意而神秘地介绍过长在油菜地里的车前子。

此时，我的心在说话——我们的"一举一动，都是承诺，都会被另一个人看在眼里，记在心里"。（宫崎骏）

而我日常的每一天，都有55个看着我的"另一个人"。

"什么是蒹葭？"五年来，我总会向他们"请教"各种问题，所以对于我的每一次"不懂"，他们都会极度骄傲地为我解答，直到我明白、满意为止。

"蒹葭就是芦苇呀，《日有所诵》的注释里面解释了。"

真好，暮春的清晨，诵读一首《蒹葭》，开启美好的一天。

蒹葭苍苍，白露为霜。
所谓伊人，在水一方。
溯洄从之，道阻且长。
溯游从之，宛在水中央。

蒹葭萋萋，白露未晞。
所谓伊人，在水之湄。
溯洄从之，道阻且跻。
溯游从之，宛在水中坻。

蒹葭采采，白露未已。

所谓伊人，在水之涘。

溯洄从之，道阻且右。

溯游从之，宛在水中沚。

略解之后，任孩子们自由读。一遍又一遍，婉转的节奏重章叠句回环往复，参差变化，“苍”“霜”“方”“长”“央”古老的四字“ang”韵在教室里回荡，仿佛小河流水淙淙，水汽氤氲向上的蒸腾声，抑或是芦苇在风中疏落摇曳的声。

满教室清亮的童声，让凄清朦胧的诗情有了生命的气息和动态的张力。

听得出来，他们是喜欢的。

蒹葭苍苍，白露为霜。

所谓伊人，在水一方。

“白露为霜”传达出深秋的节令。天才破晓，芦苇叶片上还存留着夜间露水凝成的霜花。诗人来到河边，为的是追寻那思慕的人儿，而出现在眼前的是茫茫芦苇丛，呈现出冷寂与落寞。

“诗人所苦苦期盼的人儿在哪里呢？”

诵读一般不交流、不提问。偶尔的提问是为了更入情地诵读，比如此时。

“在河的另一边。”

“就是河对岸。”

望文生义也无妨，因为总感觉望文生义是望文“深”义的必经之路。

“我觉得这个‘伊人’只是作者想象的，你看诗中根本就没写‘伊人’长什么样，而且‘伊人’一会儿在河的上游，一会儿在河的下游，一会儿在水中央，一会儿在水边草地，感觉飘忽不定，所以我怀疑这个‘伊人’是不是真实存在。”

万安之若有所思，道出了自己的想法，上次讨论“伊人”的场景忽然浮现在我的眼前。这个被同学们称为“数学王子”的男孩，总是用逻辑推理来读诗、读文学作品。五年级的小小少年们，偶尔还会有哲学家般的惊人之语，这是灵魂生长的声音。

这样不也挺好吗？有科学的求真，也有艺术的审美。

恍恍惚惚读了这么多年《蒹葭》，每每读起，都会读到一位亭亭玉立的女子在水一方，却从未想过或许“这位‘伊人’是作者想象的”，细细想来，追寻者、被追寻者都是那般虚化，于诗而言，虚化的意境才显得那么空灵而意味无穷。于是，这天，我和孩子读到的《蒹葭》便是不一样的《蒹葭》。

一首《蒹葭》，充盈了一个春天的早晨。

（二）祖父的园子

昨天布置了作业：自主了解萧红及其《呼兰河传》。

第一节语文课，从萧红开始。

课前板书：萧红，《祖父的园子》，《呼兰河传》。

“这个人与今天我们要学的这篇课文《祖父的园子》之间有什么关系呢？”

当看到一篇好文章的时候，就去关注这篇文章的作者，这是我阅读的习惯，也是我希望传递给学生的习惯。

“《祖父的园子》这篇课文是萧红写的。”

是啊，萧红，是一个值得记住、值得细读的名字。《祖父的园子》是《呼兰河传》的一个片段。

在这部小说里，萧红回忆了自己故乡不一样的人、事、物，其中，她花了大量的笔墨写了自己生命当中最重要的一个人，这个人就是她的祖父。呼兰河，很好听的一个名字，是东北的一个小县城，那是萧红长大的地方。萧红在《呼兰河传》里，写了她小时候看到的、听到的、经历的。

呼兰河小城里边，以前住着我的祖父，现在埋着我的祖父。我生的时候，祖父已经六十多岁了，我长到四五岁时，祖父就快七十了。我还没有长到二十岁，祖父就七八十岁了。祖父一过了八十，祖父就死了。

——萧红《呼兰河传》

“请李嘉怡朗读一遍。”这个姑娘天生能用自己的声音表达，不，是渲染文字的情感。

“真想你再读一遍，让我们边听边品味，不知道同学们有这种想法吗？”这是我对李嘉怡的朗读由衷的肯定。在我的课堂上，这也不是第一次了。热烈的掌声响起，这是同学们跟我一样真诚的期待。

李嘉怡再次朗读。

短短几行，李嘉怡读得比第一遍更慢，我能感受，她在往文字的深处行走。

“读到了什么？”

“这一段话中有七个‘祖父’，感觉祖父在萧红心中非常非常重要。”

“感觉祖父看着萧红出生、长大，萧红看着祖父变老，死去……”

“我觉得用‘陪着’更好，祖父陪着萧红长大，萧红陪着祖父变老。”

“感觉这个萧红对这个小城的全部记忆都与祖父有关。”

一时间，议论纷纷。俨然已跟随这段文字走进了萧红的记忆。

“祖父”一词反反复复出现，这就是萧红的语言特色。

来，自由读《祖父的园子》吧。

琅琅的书声里，能听出孩子们情绪的投入。

“在园子里，‘我’和祖父一起还做了哪些事？”

顺着孩子们的回答，板书出来：栽花、拔草、铲地、浇菜。

“萧红回忆了和祖父在园子里一起栽花、拔草、铲地、浇菜。同样是在这个园子里，她还看到了什么？”

“蜜蜂、蝴蝶、蜻蜓、蚂蚱。”

“倭瓜、黄瓜、玉米。”

这是一本小说，那我们就按小说的架构来整理一下。

板书：

人：“我” 祖父

事：栽花 拔草 铲地 浇菜

物：蜜蜂 蝴蝶 蜻蜓 蚂蚱 倭瓜 黄瓜 玉米

把小说当作小说读，这是对文学的敬畏，也是五年级语文课堂该有的使命。

课件出示：

以上我所写的并没有什么优美的故事，只因他们充满我幼年的记忆，忘却不了，难以忘记，就记在这里了。

——萧红《呼兰河传》

有人说《祖父的园子》是整部小说中最为温暖或是唯一温暖的记忆。似乎这不是一个普通的园子，这是一个怎样的园子？

“这是一个怎样的园子？”

“五彩缤纷、生机勃勃。”

“充满欢乐。”

“有生命力。”

“多姿多彩。”

“自由自在。”

花开了，就像睡醒了似的。鸟飞了，就像在天上逛似的。虫子叫了，就像虫子在说话似的。一切都活了，要做什么，就做什么。要怎么样，就怎么样，都是自由的。倭瓜愿意爬上架就爬上架，愿意爬上房就爬上房。黄瓜愿意开一朵花，就开一朵花，愿意结一个瓜，就结一个瓜。若都不愿意，就是一个瓜也不结，一朵花也不开，也没有人问它。玉米愿意长多高就长多高，它若愿意长上天去，也没有人管。蝴蝶随意地飞，一会儿从墙头上飞来一对黄蝴蝶，一会儿又从墙头上飞走一只白蝴蝶。它们是从谁家来的，又飞到谁家去？太阳也不知道。

瞧，这就是自由自在、多姿多彩的园子，此时，无须多说，朗读是最好的解读方式。

自由读，齐读，再读。便能背诵了。

读着读着，便读到了蜜蜂的自由、蝴蝶的自由、蜻蜓的自由、蚂蚱的自由、倭瓜的自由……

“只有蜜蜂、蝴蝶、蜻蜓、蚂蚱、倭瓜是自由的吗？”

“不是。”

“还有谁？”

“还有作者小萧红。”

“其实，主要是因为童年的‘我’是自由的，所以在‘我’的眼里一切都是自由的。”李澈道的理解总会做一点总结提升，仿佛哲学在他身上得到了很好的启蒙。

祖父的爱给了萧红一个美好自由的世界。

所以，作者才会这样怀念祖父、怀念童年。

齐读：

呼兰河小城里边，以前住着我的祖父，现在埋着我的祖父。我生的时候，祖父已经六十多岁了，我长到四五岁时，祖父就快七十了。我还没有长到二十岁，祖父就七八十岁了。祖父一过了八十，祖父就死了。

就这样，萧红用她细腻的笔触，用一个孩子的眼睛，让我们看到了花园那生机勃勃的原生态的美，体会到了一种融自身于天地万物之中的生命感。

下课了，几个姑娘还沉醉在背诵中——她们一边收拾文具书本，一边相视浅笑，悠悠地念着：

花开了，就像睡醒了似的。鸟飞了，就像在天上逛似的。虫子叫了，就像虫子在说话似的。一切都活了，要做什么，就做什么。要怎么样，就怎么样，都是自由的……

眉眼盈盈处，有对文字的真诚，有对自由的向往。

恍惚间，忽然忆起鲁迅先生曾在给萧红的信中说："这位太太，到了上海以后，好像体格高了一点，两条辫子也长了一点了，然而孩子气不改，真是无可奈何。"

在文学的世界里，童年与乡土对作家永远都是一种绵绵不绝的诱惑。

月是故乡明

5月6日　星期三　晴

（一）晨读：《天真的预示》

今日晨读《日有所诵》第二单元的《天真的预示》。

天真的预示

［英］布莱克著，梁宗岱译

一粒沙子里看出一个世界，
一朵野花里一座天堂。
把无限放在你的手掌上，
永恒在一刹那里收藏。

几遍下来，孩子们就能背诵了。

浅白的诗句下涌动的是无穷思辨的味道——一粒沙子，一朵野花，一个世界，一座天堂，大与小、永恒与刹那、有限与无限……

“一花一世界，一叶一菩提”，都是生命中永恒存在、亘古不老的哲学，是人类生命充分的自信与自由，是一条广袤且博大的物种起源足迹。

关上书，和孩子们一起背诵一遍。关于诗中的无穷意蕴，留给他们自己去慢慢理解、省悟吧。

（二）月是故乡明

昨日立夏。

课前黑板上板书了一个“夏”字，课件出示甲骨文、金文、小篆的“夏”。

屏幕一打开，孩子们惊叹声四起。

“哇，原来‘夏’最初是一个人啊。”

“这个人好威武。”

甲骨文的“夏”字，头、发、眼、身躯、两臂、腿脚一应俱全，仿佛一个健硕的耕者，仰观太阳，手持农具，呈现出一种强而有力的架势，很好地诠释了“夏”字的本义“雄武的中国人”。

“夏，是中国人血脉的源头，所以，中国的第一个王朝被称为——”

“夏朝！”

“这个拥有五千年文明的民族，自称？”

“华夏！”

“我们传统的计算时间的历法被称为什么？”

“夏历！”

真好，还记得“夏历”。依稀记得去年立夏那天，也是在这间教室里，我讲述了立夏三候，讲了古代皇宫的立夏仪典。

“昨天立夏，千百年前的这个日子，立夏这天有一个庄严的典礼，皇帝率领文武百官至南郊，恭迎夏的来临，祈求五谷丰登。”

“那其他三个季节呢？”李澈道问。

“向老师以前讲过，立春就在东边迎‘春’，夏就在南边迎‘夏’，立秋就在西边迎‘秋’，立冬就在北边迎‘冬’。”万安之解释。

古人对每一个季节都保持着特有的虔诚与敬畏。孩子们在童年，有了春夏秋冬、东南西北的概念，慢慢长大，就慢慢有了中国人的时空哲学。

对孩子们的哲学启蒙，可以从远处、从土壤深处开始。

打开语文书，学习《月是故乡明》。

朗读导入，内容是昨晚挑选出的诗句。

人言落日是天涯，望极天涯不见家。

已恨碧山相阻隔，碧山还被暮云遮。

小时候 / 乡愁是一枚小小的邮票 / 我在这头 / 母亲在那头 // 长大

后 / 乡愁是一张窄窄的船票 / 我在这头 / 新娘在那头 // 后来啊 / 乡愁是一方矮矮的坟墓 / 我在外头 / 母亲在里头 // 而现在 / 乡愁是一湾浅浅的海峡 / 我在这头 / 大陆在那头

葬我于高山之上兮，望我大陆。
大陆不可见兮，唯有痛哭！
葬我于高山之上兮，望我故乡。
故乡不可见兮，永不敢忘！
天苍苍，野茫茫，
山之上，国有殇！

戍鼓断人行，秋边一雁声。
露从今夜白，月是故乡明。
有弟皆分散，无家问死生。
寄书长不达，况乃未休兵。

只是素读，不做解读。

所有解读都可以在《月是故乡明》的文字中悟到。

打开书，自主默读课文。思考，作者想到了哪些关于月亮的往事？

交流，板书：

数星星　点篝火　摇知了　看月亮　梦月亮

“别处的月亮只是月亮，为什么作者家乡的月亮却一直被称为‘小月亮’？”

第一次读《月是故乡明》，就被文中的“小月亮”触动了，一股温润、想时时捧在手心的感觉。我也想问问孩子们，面对“小月亮”，那是一种怎样的感觉？

不经意间，还是站在了作品和孩子的中间，只是，我也是以读者的身份，和孩子一起平视。

“因为作者对故乡的月亮和对别的地方的月亮，感情是不一样的。”

“因为相对于‘在风光旖旎的瑞士莱芒湖上，在无边无垠的非洲大沙漠中，在碧波万顷的大海中，在巍峨雄奇的高山上’这几个地方，故乡那个小村子确实很小，所以感觉连月亮也是小的。”

“因为其他地方的月亮都是世界有名的景点的月亮，故乡的月亮只是平凡的月亮。因为平凡，所以渺小。”

此时，真切感受到，给孩子一个话题，他们自然会抵达。

是的，尽管很平凡，很渺小，微不足道，但它依然是作者“心爱的小月亮”。那轮“小月亮”，是在这小小的苇坑边上看到的，是一个天真的小孩看到的。

“小月亮”虽小，却是深深印在了作者童年的心上。

童年，永远是生命的源头。

也许，就是这轮小小的月亮，触动了他最初的审美性灵。所以，季羡林先生写道：“我当时虽然还不懂什么叫诗兴，但也顾而乐之，心中油然有什么东西在萌动。”

第二阶段，我朗读《月是故乡明》的原文。布置一个小任务——“边听边思考：选入课文时，有哪些地方做了改动？”算作是比较阅读的启蒙。

于是，我朗读，孩子们倾听。

月是故乡明（原文）

季羡林

每个人都有个故乡，人人的故乡都有个月亮。人人都爱自己故乡的月亮。事情大概就是这个样子。

但是，如果只有孤零零一个月亮，未免显得有点孤单。因此，在中国古诗文中，月亮总有什么东西当陪衬，最多的是山和水，什么“山高月小”“三潭印月”等等，不可胜数。

我的故乡是在山东西北部大平原上。我小的时候，从来没有见过山，也不知山为何物。我曾幻想，山大概是一个圆而粗的柱子吧，顶天立地，好不威风。以后到了济南，才见到山，恍然大悟：原来山是这个样子呀！因此，我在故乡里望月，从来不同山联系。像苏东坡说的“月出于东山之上，徘徊于斗牛之间”，完全是我无法想象的。

至于水，我的故乡小村却大大地有。几个小苇坑占了小村一多半。在我这个小孩子眼中，虽不能像洞庭湖“八月湖水”那样有气派，但也颇有一点烟波浩渺之势。到了夏天，黄昏以后，我在坑边的场院里躺在地上，数天上的星星。有时候在古柳下面点起篝火，然后上树一摇，成群的知了飞落下来，比白天用嚼烂的麦粒去粘要容易得多。我天天晚上乐此不疲，天天盼望黄昏早早来临。

到了更晚的时候，我走到坑边，抬头看到晴空一轮明月，清光四溢，与水里的那个月亮相映成趣。我当时虽然还不懂什么叫诗兴，但也顾而乐之，心中油然有什么东西在萌动。有时候在坑边玩很久，才回家睡觉。在梦中见到两个月亮叠在一起。清光更加晶莹澄澈。第二天一早起来，到坑边苇子丛里去捡鸭子下的蛋，白白地一闪光，手伸向水中，一摸就是一个蛋。此时更是乐不可支了。

我只在故乡待了六年，以后就离乡背井漂泊天涯。在济南住了十多年，在北京度过四年，又回到济南待了一年，然后在欧洲住了十一年，重又回到北京，到现在已经十多年了。在这期间，我曾到过世界上将近三十个国家，我看过许许多多的月亮。在风光旖旎的瑞士莱芒湖上，在平沙无垠的非洲大沙漠中，在碧波万顷的大海中，在巍峨雄奇的高山上，我都看到过月亮。这些月亮应该说都是美妙绝伦的，我都异常喜欢。但是，看到它们，我立刻就想到我故乡中那个苇坑上面和水中的那个小月亮。对比之下，无论如何我也感到，这些广阔世界的大月亮，万万比不上我那心爱的小月亮。不管我离开我的故乡多少万里，我的心立刻就飞来了。我的小月亮，我永远忘不掉你！

我现在已经年近耄耋，住的朗润园胜地。夸大一点说，此地有茂林修竹，绿水环流，还有几座土山，点缀其间。风光无疑是绝妙的。前几年，我从庐山休养回来，一个同在庐山休养的老朋友来看我。他看到这样的风光，慨然说："你住在这样的好地方，还到庐山去干嘛呢！"可见朗润园给人印象之深。此地既然有山，有水，有树，有花，有鸟，每逢望夜，一轮当空，月光闪耀于碧波之上，上下空，一碧数顷，而且荷香远溢，宿鸟幽鸣，真不能不说是赏月胜地。荷塘月色的奇景，就在我的窗外。不管是谁来到这里，难道还能不顾而乐之吗?

然而，每值这样的良辰美景，我想到的仍然是故乡苇坑里的那个平凡的小月亮。见月思乡，已经成为我经常的经历。思乡之病，说不上是苦是乐，其中有追忆，有惆怅，有留恋，有惋惜。流光如逝，时不再来。在微苦中实有甜美在。

月是故乡明，我什么时候能够再看到我故乡的月亮呀！我怅望南天，心飞向故里。

（选自《悲喜自渡》，季羡林，江苏凤凰文艺出版社，2019 年版）

听朗读，是对比阅读，也是巩固阅读，交流便顺理成章了。

"课文把摸鸭蛋那件事删掉了，是不是怕我们学着去摸别人家的鸭蛋。"罗志峰说。

全班哄笑。哄笑的背后，却让我看到，孩子们有多喜欢"摸鸭蛋"的故事，那是季羡林老先生惦念"小月亮"的缘由，也是能触动孩子的缘由。

"原文中用了一个'耄耋'，课文里变成了'年事已高'。"

“可能是怕我们看不懂，哈哈。”

“可是我们能看懂啊！”

……

小孩的世界，藏着我们以为的不懂。

子非我，安知我不懂“耄耋”之意呵。

自主朗读课文，下课。

牵牛花开了

5月7日　星期四　晴

（一）牵牛花开了

立夏刚刚过去两天，阳光便有了炽烈的感觉，天地间似乎倏然就告别了草长莺飞的柔弱春光。

节令渐变的神奇，就在不经意之间。

晨读时间快到了，教室里稀稀拉拉几个同学，没有像往常一样读书。

原来是教室外走廊上花盆里一株野生的喇叭花开了一朵花。小小的紫色喇叭骄傲地映衬在发财树的叶上，似乎等待了整整一个春天，就为等待这夏的到来。

孩子们奔走相告，“喇叭花开了”“牵牛花开了”……小小花盆外面围了一大圈人。

“看看，这里是雄蕊，这里是花柱。”

“这是雌蕊吧，不对，雌雄同株吧。”

“哎哟，你来摸一下，茎上面真的有绒毛。”

“我看一本书上说牵牛花是表示‘爱情永恒’。”高雅妮小声地说。

"迢迢牵牛星，皎皎河汉女。"

"那是说的牵牛星，跟牵牛花没有关系呢！"

"世界上应该是先有牵牛花再有牵牛星的。"

"那可不一定，宇宙中的星座也很古老的。"

……

这个立夏后的早晨，从一朵小小的牵牛花开始，有人看到了它的科学属性，有人看到了植物花语，有人看到了草木诗情。

这种旋花科植物，以它缠绕的姿态得名"牵牛"。小时候，田间地头处处可见野生牵牛，那时无数次想象过：如果用这种藤去穿过牛鼻子，牵着牛，那会怎样？记忆中想过很多次，却从来没有真的看见哪家用这种牵牛花的藤去牵过牛。第一节语文课，上课铃响了，教室里还在窃窃低语，还是关于牵牛花。

"牵牛花为什么叫'牵牛'花？"

我想起了小时候，外婆在夏夜里给我们兄妹几个讲了无数遍的那个故事——

很久以前，有个小村子，村子旁边有一座山叫伏牛山。村子里人不多，其中一家有一对双胞胎姐妹。村子里的人都很穷，没有钱买牛耕地，只有用一些自制的土工具来刨土、耕地……

"那是新石器时代，人类知道自制工具了。"李骏驰向来喜欢一边听故事一边表达自己的看法。有插嘴的嫌疑，但我常常忽略。我忽略了，其他孩子也习以为常了，渐渐觉得，他的"点评"还会让课堂多一点灵动。

这是他表达的需要，也挺好。

继续讲故事——

有一天，姐妹二人正在锄地，突然刨到了一块特别硬的地方，里面发出银闪闪的光亮，原来是一个银喇叭。姐妹俩刚拿起喇叭，她们面前马上出现了一位老翁，老翁笑着说："这个银喇叭是伏牛山的钥匙，只要把银喇叭插进去就可以打开山门，然后抱出一头金牛，一辈子吃喝不愁了。不过打开的时候必须记住口诀'伏牛山，哗啦啦，开山要我这银喇叭'。念三遍，千万不要被山关住了，否则就必死无疑。还有，这银喇叭千万不能吹，否则伏牛山里的一百头牛就全会变活冲出山口的。"两姐妹还没回过神来，那老翁已不见了。姐妹二人知道遇上神仙了，心里很高兴。她们就赶紧回家，商量如何开山抱金牛。姐姐说："我们要把腿脚放快些，争取把一百头金牛都抱出来，分给穷乡亲，让大家都不再受地主的气，都过上好日子。"妹妹说："如果吹响银喇叭，把那些金牛全变成活牛分给乡亲们，让他们有牛耕田，不更好吗?"姐姐高兴地同意了妹妹的意见。于是，姐妹二人分头去通知乡亲们，交代他们夜里去伏牛山下牵牛。夜里，天上没有月亮，也没有星星，山前山后漆黑一片，看不到一点亮光。妹妹忙把银喇叭拿出来插进山眼，姐姐忙念："伏牛山，哗啦啦，开山要我这银喇叭。"念了三遍，山眼慢慢变大了，但只容一个人钻进去，姐姐闪身就进去了，妹妹也跟着进去了。姐姐一进去就吹起了银喇叭，顿时里面的金牛都变活了，它们伸伸腿，抖抖毛，跳下桌子来，就都变成了大牛，它们顺着山眼往外冲，当最后一头牛刚刚伸出头时，东方已经微微泛红了，山眼慢慢变小了，这一下急坏了姐妹俩，姐妹二人合力推牛屁股，就是推不动。再说乡亲们，他们听见喇叭响，就纷纷往伏牛山跑，只见一头头牛满山坡跑，他们跑上去，一人牵一头牛，心里好感激姐妹二人，都想去谢谢她们，就是找不到人影。这时有人发现被卡住的那头牛，大家有的扯牛头，有的扯牛脚，使劲往外拽，就是拽不出，后来有人往牛鼻子上套了个鼻圈，再在鼻圈上拴了根长绳，大家齐心协力地拉，牛被拉疼了，一急，四蹄一蹬就出来了，山眼马上就合拢了，姐妹俩被关在了山里。这时太阳出来了，山眼里的那只银喇叭一变，就成了一朵喇叭花。为了纪念那姐妹二人，村民们都把这喇叭花叫牵牛花。

教室里很安静，所有的眼神都望向我。五年级了，依然喜欢听故事，这些“很久很久以前”的故事，这些大地上的神奇传说，是我们的血液、影子、童年。

中国故事，是中国孩子的初乳。

“哦，原来这样啊，我以为牵牛花跟牛郎织女的故事有关呢！”

“我想起了猎人海力布的故事。”

……

在第一朵牵牛花开的早晨，用晨读时间，讲述完牵牛花的故事。

这不也是语文吗？

（二）《无衣》

第一节语文。

课前诵读。

岂曰无衣？与子同袍。
王于兴师，修我戈矛，与子同仇！
岂曰无衣？与子同泽。
王于兴师，修我矛戟，与子偕作！
岂曰无衣？与子同裳。
王于兴师，修我甲兵，与子偕行！

——选自《诗经·秦风·无衣》

谁说我们没有军装啊？我分明与你同穿一件外衣！国王发兵要打

仗时，修整好我们的戈与矛，我与你面对同一个敌人。

谁说我们没有军装啊？我分明与你同穿那件内衣！国王发兵要打仗时，修理好矛和戟，我与你同把敌人歼灭。

谁说我们没有军装啊？我与你同穿那套下衣！国王发兵要打仗时，修理好铠甲与兵器，我同你一道去杀敌。

这是战士们临行前慷慨、勇敢、互助的请战书，被秦人记录了下来，流传成鼓舞斗志的诗歌。

我用故事一般的节奏、语调，讲述了这首《无衣》。

“老师，前不久，我在电视上看到过这句话。日本一家医院捐赠给中国的物品上写着这句话。”韩宗儒说。

整个新型冠状病毒肺炎疫情期间，世界各地捐赠无数，来自日本各家机构的捐赠让人铭记，不止“岂曰无衣？与子同裳”，还有日本舞鹤市给友好城市大连捐赠抗疫物资时写在箱子上的话：“青山一道同云雨，明月何曾是两乡。”你我一路相连的青山共沐风雨，同顶一轮明月又何曾身处两地呢？日本一家考试事务局捐赠给湖北两万个口罩外包装的标签上写着：“山川异域，风月同天。”一千多年前，鉴真大师披着袈裟，为“山川异域，风月同天”这句偈语所感动，遂发愿前往日本传法，一千多年后，疫情肆虐的中国武汉一定为“山川异域，风月同天”的标签所温暖。是啊，“相知无远近，万里尚为邻”，何况一衣带水的日本？

汉语之美，在此刻是如此贴切、如此极致，抚慰人心。

（三）梅花魂

课间十分钟，找了两个小助手查《新华字典》，把“魂”的注释写在黑板上。

魂：泛指精神或情绪；特指崇高的精神，如民族魂、国魂。

课件出示我昨天查找的资料：

魂：阳气也。

——《说文解字》

泛指事物的人格化精神。示例：花魂、诗魂。

——《现代汉语词典》（第六版）

关于“魂”的解释，用朗读典籍中的注释代替，这是学习方法的指向，告诉孩子们，在学习的道路上，可以收获知识的途径很多。至于“魂”的意思，学生应该顺理就明白了。

“‘梅花魂’就是？”

“《梅花魂》就是讲梅花的精神。”

打开书，默读课文，读慢一点，边读边思考：课文写了关于梅花的哪几件事？

附着了浓厚情感的散文，需要默读，也需要慢读。

教室里安静极了，那是所有的心都走进了文字中的沉静。

全文十六个自然段，几件小事中都饱含了浓浓的深情。先理清几件事，让深情有所依托。

两件小事分别是：我对外祖父的不理解，外祖父送给我两件东西。

先找找“我不理解”的事，找到文中的关键句，朗读：

老人总是摇摇头，长长地叹一口气，说：“莺儿，你还小呢，不懂！”

一不懂：为什么“每当读到‘独在异乡为异客，每逢佳节倍思亲’‘春草明年绿，王孙归不归’‘自在飞花轻似梦，无边丝雨细如愁’之类的句子，常会有一颗两颗冰凉的泪珠落在我的腮边、手背？”

二不懂：“看见慈祥的外祖父大发脾气，我心里又害怕又奇怪：

一枝画梅，有什么稀罕的呢？”

三不懂：“我说：‘外公，您也回祖国去吧！’想不到外祖父竟像小孩子一样，呜呜呜地哭了起来。”

没有太多的讲述，取而代之的是默默到文本中去寻找承载着情感的句段，然后朗读。教师读，学生单独读，齐读，缓缓讲述、情深意长的感觉，这样越来越入情的朗读，就是他们内心触动的体现。

“后来懂了吗？”

“懂了。”

“懂了，什么时候懂了？或者说因为什么懂了？”

“可能是外祖父去世以后。”

“可能是作者长大以后。”

“可能是作者也到了外祖父那么大的年纪之后。”

三个孩子回答中都用到“可能”一词，这让我欣喜不已。“可能”是对文字的敬畏，也是对时间的敬畏。

此时，顺理走向作者——陈慧瑛，生于新加坡星岛，1959 年，陈慧瑛的外祖父——新加坡著名的富商、爱国华侨把最疼爱的外孙女送回了祖国。这一送，有两个目的，一是让陈慧瑛回来探望居住在厦门鼓浪屿的祖母；二是希望陈慧瑛能回来传承中华文明。

临走时，外祖父送给“我”两件东西—— 一幅丹青、几朵血梅。

随着时间的流逝，“我”渐渐明白：

当年的我，还过于稚嫩，并不懂得，我带走的，岂止是我慈爱的外祖父珍藏的一幅丹青、几朵血梅？我带走的，是身在异国的华侨老人一颗眷恋祖国的赤子心啊！

如梅花魂一样的中华民族的精神、秉性，外祖父对祖国的眷恋之情的共鸣都在声音里，都在眉宇间。

我的文学课堂札记

璞玉的光

——《闷蛋小镇》教学侧记

导读

夏天的玉里小镇，像要被太阳晒得融化，街上没有什么人，似乎什么也没有，感觉要窒息。小镇旧名叫璞石阁，位于台湾中央山脉和海岸山脉之间。

——张友渔

是的，这个小镇什么也没有。

《闷蛋小镇》就来自这个什么也没有的小镇，似乎真的什么也没有。

这本书需要用心来慢慢阅读。

封面上一个男孩用嘴和鼻子夹着一支绿铅笔，皱着眉头想：这个鸟不生蛋的小镇，好闷啊！

故事开始时阿丁窘迫的生活，让人百感交集。少年丁一丁因为父亲抢劫超市被警察逮捕入狱，妈妈再婚无法和他一起生活，于是他像“一棵盆栽”一样被移到了乡下阿嬷所在的小镇上。

这个小镇很小，只有四条街道、两间银行、两间邮局、一个警察局、一个中学，仅有的一个小火车站，只有一趟列车经过这里。阿嬷老了，平时靠卖菜、捡破烂为生，只有一条叫粉圆的土狗和她做伴。这样的小镇，真是闷蛋啊。

直到阿英站在闷蛋大桥上告诉他：小镇上曾有过一块璞玉。

没有人见过这块璞玉，但小镇上的人都说这个璞玉的传说是真的。

从第四章开始，白色璞玉的传说，一直反复出现在故事中。如同写在我们记忆里的那些关于一棵古树、一座山、一栋老房子的故事一样，光亮地照进我们的生命里。

每个人都拥有这样一块长在心里的璞玉。这块璞玉可以是沉静，可以是单纯，可以是爱，可以是包容。

阿嬷的儿子是抢劫超市惯犯，还常常用无理的方式管她要钱，但她从来没有为此失去生活的热情和沉静。她依然会在探视的日子去看望儿子，已经再婚的儿媳常常还来看她。她心中的璞玉让她成为一个有尊严的阿嬷。

人人都觉得“光华号”是一个疯子、神经病，可他永远驾驶着自己的“光华号”特快列车，随处都可以找到属于自己的轨道，随时都有属于自己的快乐。这份无忧无虑的快乐是他心中的璞玉。

阿丁也有了自己的璞玉。

他善良、友爱、勇敢、包容，他攒钱为阿嬷买漂亮的自行车，他和“光华号”一起追赶列车，他悄悄去监狱看望父亲，他带着妈妈和两个同母异父的弟弟去游览小镇，他喜欢吃闷蛋面，看闷蛋铁轨、闷蛋瀑布，没有犹豫没有抱怨，纯粹而美好。

于是，阿丁总是说，这个闷蛋小镇要不是还有阿嬷、粉圆、闷蛋圆环、阿嬷牌自行车和白色璞玉的传说，简直就无药可救了。“要不是还有”的内容逐渐增加，从阿嬷到“光华号”、华小芬、自强号列车……阿丁发现让他牵挂的事越来越多，小镇也越来越不闷蛋。

璞玉的传说陪伴阿丁长大。他已经不再是小镇上的“一棵盆栽”，他已经长成一棵有根的树。这棵树扎在了小镇的泥土中。

阿丁喜欢上了这个小镇。

阿嬷慈祥可亲，永远都知道他需要什么，找人给他做自行车，安慰青春萌动的他。阿英爽朗热情，热心助人，大胆泼辣。她教阿丁学骑自行车，邀请他加入红辣椒车队，为了心爱的自行车可以去很远的地方找回来，还有那个一直追着火车跑的“光华号”，爱发牢骚却心地善良的警察表叔，可爱的华小芬，勇敢的庄志芳……他们都开始让阿丁牵挂。

阿丁喜欢上了这个小镇。

小镇虽然小，但是被夹在中央山脉和海岸山脉之间，景色优美。小镇上的赤科山，“每年的七月到九月是金针花开的季节，整片山头都是橘黄色的金针花，非常漂亮”。尤其是夕阳西下，长长的公路上蜿蜒着活跃着的车队，那景象就像一幅美丽的图画。阿丁走的地方越多，就越发喜欢这个小镇。

阿丁喜欢这个小镇。

这个小镇的羊羹全省闻名，闷蛋面也只有这个小镇才有。这个小镇上的面包、番薯饼都很好吃，是小镇上的人用心做出来的。

故事的最后，阿丁虽然还是叫所有的东西“闷蛋”，但我们知道，他再也不觉得小镇闷蛋了。

故事结束了，小镇依旧。

合上书，再看封面，用嘴和鼻子夹着一支绿铅笔的阿丁，缺了牙的阿嬷，戴着花的女孩，快乐的“光华号”，还有叼着骨头的粉圆，似乎都有一副快乐的模样。

璞玉的光照亮了每个人的脸庞。

第一课时：阅读推荐课

[教学目标]

激发阅读《闷蛋小镇》的兴趣，了解整本书阅读的方法。

[教学重点]

引导学生通过细读闷蛋大桥的故事、“光华号”的故事，了解阅读方法，激发阅读兴趣。

[教学过程]

一、激趣导入

1. 说一说：书名是一本书的窗口。在你的阅读记忆中，让你印象最深的是哪本书的书名？为什么？（学生自由说）

2. 今天我们要读的这本书也有一个很特别的名字——《闷蛋小镇》。（课件出示：书名）看到这个名字，你想到了什么？

3. 小结：一本书的书名往往会给我们传递书中的很多信息，让我们一起走进这本书，看看书中描写的是不是和你们想象的一样呢？

[设计意图] 从话题“印象最深的书名”切入，目的是引起学生对书名的注意，因为这本书的书名很能激发人的想象力，也充满了趣味性，通过聊书名，激发学生对书中故事的好奇心。

二、闷蛋小镇是一个怎样的小镇？

（一）读封面，猜人物

1. 课件出示：书的封面。

看一看，这个封面上最有趣的是什么？

2. 猜一猜：封面上的几个人物都会出现在这本书中，猜猜谁是这本书的主角，主要是讲谁的故事，并说说你的理由。

[设计意图] 画面中丁一丁的形象在表情、神态、构图、色彩方面都不一样，通过猜主要人物，引导学生读出画面中的几个人物中最与众不同的一个人物。培养学生通过细节读出故事的意识。

3. 小结：封面是一本书的窗口，在读一本书之前，除了关注书名和封面插图以外，我们一般还要关注作者、出版社以及其他信息。

[设计意图] 本书的封面很有喜感，画面似乎一点也不“闷蛋”。这种画面和文字的冲突感更能引起学生的好奇，激发学生的兴趣。

（二）读目录，猜故事

1. 当我们在一个比较短的时间内，无法完整地阅读一本书的时候，通常会选择一些自己最感兴趣的内容来读。从哪里开始呢？——

目录。目录是书中内容的高度浓缩。通过看目录，我们就可以大致了解书中的一些故事。（课件出示：目录）

2. “开火车”读目录。

3. 交流：根据目录，猜猜书中会发生哪些有趣的故事。

4. 小结：读目录是我们初次接触一本书时，常用的一种读书方法——略读。

［设计意图］通过读目录，帮助学生理清目录结构，大致了解书中的内容。这体现了目录的一种导读功能，也体现了目录的检索功能，在检索的过程中，可以调动学生的思维。

三、闷蛋小镇有哪些故事?

（一）大桥真的会长高

1. 出示片段，学生速读。

“这可是全台唯一会长‘高’的公路大桥，每年长高一两厘米，三十五年以来，一共长高了五十六厘米。桥墩有垫高的记录。镇公所常常要进行桥面抬升与伸缩缝接合工程。这座桥位于欧亚与菲律宾板块间，受到板块推挤而增高。世界上只有两座桥会呼吸会长高，一座在瑞典，另一座就在我们的脚下。”——庄志芳用一种略带骄傲的表情说着闷蛋大桥的故事。

（《闷蛋小镇》，张友渔著，北京少年儿童出版社，2017 年版，第 132 页）

2. 这是书中的一个小故事。这个关于闷蛋大桥的故事是谁说的呢？这个人为什么会以闷蛋大桥的故事为骄傲？

3. 思考交流：思考——同桌交流——小组交流。

4. 闷蛋小镇上还有这样的故事吗？从哪儿推测的？

［设计意图］离奇的故事，尤其是生活中的离奇故事，总是能引发学生的好奇心。选择“会长高的公路大桥”这个故事片段和学生共读，不但能激发学生的兴趣，而且能让学生体会闷蛋小镇的真实存在。设计猜说话人这个环节在于让学生体会闷蛋小镇的每一个人都在心灵深处爱着这个小镇。

（二）认识“光华号”

1. 作者用了一章的篇幅专门讲“光华号”，“光华号”列车和“光华号”这个人会有什么关系？

2. 出示片段：

光华号顶着一头油亮脏污的头发，常年穿一件黑色夹克、咖啡色的卡其裤、一双夹脚拖鞋。小镇上的人都说他精神有问题，也没有人知道他真正的名字，都叫他光华号。

（《闷蛋小镇》，张友渔著，北京少年儿童出版社，2017 年版，第 39 页）

3. 猜一猜，作者会如何描写这个不闷蛋的人？

4. 把自己设计的故事情节用小标题的形式写出来。

5. 根据小标题说说自己设计的故事。

6. 出示句子：

光华号是闷蛋小镇里唯一不闷蛋的人？

（《闷蛋小镇》，张友渔著，北京少年儿童出版社，2017 年版，第 35 页）

留下疑惑：丁一丁为什么会有这样的感受呢？

［设计意图］走进了人物与故事便走进了一本书的灵魂，“光华号”是这本书的一个桥梁人物，他能帮助读者抵达书的灵魂——快乐就是简简单单，不需要太多。引导学生找到“光华号”是闷蛋小镇里唯一不闷蛋的人的理由，帮助学生走进故事深处。

四、总结

我们通过读封面、读目录，了解了书的内容；读闷蛋大桥的故事，走进了闷蛋小镇。让我们去读这本书，和大人一起读这本书。

附：读书活动安排

安排一：

1. 和家长一起读《闷蛋小镇》。

2. 和家长聊一聊书中最喜欢的人物。

安排二：

1. 调查一下，爸爸妈妈曾经生活过的小镇或者村庄里的传说、有趣的人、有趣的地方。

2. 将调查结果做成一张有趣的小报。

［设计意图］读书活动安排目的在于引导家长和孩子进行亲子共读，调查活动的设计在于让学生将阅读与自己的生活建立联结。

第二课时：阅读交流课

［教学目标］

1. 在交流中梳理故事情节，感受故事中的人物形象。

2. 进一步激发学生的阅读兴趣。

［教学重点］

引导学生从对比阅读、梳理人物语言开始，进行整本书的阅读交流，初步感受作者将作品与生活建立联结的创作方法。

［教学过程］

一、谈话导入

1. 最近我们读了《闷蛋小镇》这本书，用一句话概括一下你对这本书的感受：这是一本怎样的书？

这本书自出版以来，受到了很多儿童和大人的喜欢，很多人都喜欢上了闷蛋小镇，甚至还有人去作者张友渔生活过的玉里小镇寻找书中描写的感受。

［设计意图］用一个词或一句话概括这本书，达到掌握学生的阅读情况和营造阅读交流氛围两个目的。

二、对比故事首尾，回顾故事里的“闷”

1. 出示片段：

故事开始：

这个闷蛋小镇如果不是还有阿嬷，简直就一无是处。

（《闷蛋小镇》，张友渔著，北京少年儿童出版社，2017 年版，第 1 页）

故事结尾：

这个闷蛋小镇要不是还有阿嬷、粉圆、闷蛋圆环、阿嬷牌单车[①]、阿英、白色璞玉的传说、光华号、华小芬、3303 班次自强号列车、红辣椒车队、三民中学单车队、闷蛋抢匪的故事以及会长高的闷蛋大桥，简直就可以离开花莲搬到无人岛去了。

（《闷蛋小镇》，张友渔著，北京少年儿童出版社，2017 年版，第 137 页）

2. 对比阅读故事的开头与结尾。

3. 说一说：从这本书的开头和结尾，作者对闷蛋小镇的感受发生

① 单车，即自行车。

了什么变化?

（1）思考：是什么让作者对小镇的感受有了这种变化?

（2）同桌交流：把自己的感受说给同桌听。

（3）全班交流。

4. 小结。

[设计意图] 通过对比故事的开头和结尾，感受故事中的画面徐徐打开、故事的内容越来越丰富、故事的温度慢慢上升，感受故事里的“闷”其实是不闷。

三、再读璞玉传说，感受故事里的光

1. 出示目录，回忆故事情节。

书中有一个故事贯穿始终，想想是哪个故事?——璞玉的传说。

2. 回忆一下，书中关于璞玉的传说，一共有多少种不同的说法?每个人的说法有什么不一样?

（1）思考回顾。

（2）整理梳理。

关于璞玉的传说在闷蛋小镇里有很多种，每个人的说法都不一样，看看他们说的璞玉的故事，在他们眼里璞玉都像什么?

人　物	说　法
阿英	璞玉像“房子”那么大
阿嬷	璞玉像圆环
同学	璞玉像三个书架叠起来那么大
警察表叔	像直立的巴士那么大
庄志芳	像两扇流动的门板
阿丁	像一节火车的车厢

（3）小结交流：质疑，从闷蛋小镇每一个人对璞玉的传说中，你

发现了什么？

［设计意图］璞玉的传说是本书的灵魂线索，细读这个故事能帮助学生理清故事的思路，同时更加深刻地了解书中的人物形象。

四、走近作者，走进作品背后

1. 作品背后：

这本书的作者是台湾儿童作家张友渔。在台湾有很多这样有火车穿过的小镇。作者从小生活的小镇就是在台湾花莲的玉里小镇，书中的大部分场景都能在玉里找到原型。

2. 欣赏玉里图片：

玉里车站及“光华号”、小镇的中心——圆环、大排长龙的闷蛋面、表叔赞不绝口的番薯饼、练习骑自行车的好地方、璞玉被偷的地方、开满金针花的赤科山、南安瀑布。

3. 小结思考：

打动人的作品往往来源于作者的体验，来源于作者的生活。作者张友渔用这本书介绍了自己的家乡玉里小镇。作者对家乡有着深厚的情感，却为什么总说这里是“闷蛋小镇”？谈谈你的看法。

［设计意图］通过走到作品背后，让学生感受作品的诞生跟作者的生活有很大关系，同时让作者从书本里走出来，让学生与作者现实的生活、经历建立联结。

五、总结、拓展延伸

通过阅读《闷蛋小镇》我们知道，作者用了“反其道而行之”的方法介绍自己的家乡。书中处处布满了温情，时时流露出了对小镇的深情，对阿嬷的深情。

日本作家岛田七洋写过一本《佐贺的超级阿嬷》，书中也有一位这样的阿嬷，大家去读读，看看有什么相同或不同的感受。

［设计意图］两本书有很多相似之处，通过对比阅读，感受不同故事中同样的阿嬷形象，拓宽学生的阅读视野。

读后赏析：那些遗落在小镇的乡愁

“这个小镇真的没有什么！”

“这个小镇真是闷蛋啊！”

这样的话，我们还小的时候，谁没有说过啊？是的，那个时候，无论是小镇、小村，还是小城，我们的生活都是灰色的、暗淡的、单调的、乏味的，并且时间总是那么地漫长……

我们好像总是在渴望着远方，远方应该是一处多么美妙的所在啊，那里阳光是彩色的，那里歌声是嘹亮的，那里的每一条路，要么是一条飘扬的绸带在欢舞，要么如同五线谱中挂着的一个个亮晶晶的音符在放声歌唱……

那时候，现实的存在似乎总是很苍白，不可捉摸的想象才是美好的。

这到底是一种怎样的存在？

直到这次读完张友渔的《闷蛋小镇》，才豁然开朗，找到了答案。

是的，在《闷蛋小镇》里，因为有个超级混蛋的爸爸，才十三岁的丁一丁，感觉自己“就像一棵盆栽，不断地被搬移，无法决定自己的位置”。于是，在爸爸抢劫超市被抓后，已重新结婚成家的妈妈帮他联系了阿嬷，他的人生才终于有了落脚点，回到了那个乡下的闷蛋小镇，“因为阿嬷是这个世界上唯一可以收留我的亲人。”

似乎想一想就可知道，倒霉透顶的丁一丁，在这个闷蛋小镇，日子将是何其难挨……是的，这里的面条是闷蛋面，这里的学校是闷蛋中学……这里的一切，在他眼里，似乎都是“超级闷蛋到笑死人”！

当现实生活在他面前徐徐打开，他发现阿嬷尽管年纪那么大了，可仍是那么爱他，爱身边的一切，还请人帮他组装了一辆自行车，

“阿嬷牌单车”。阿嬷说，“所有的零件都是我捡回来的。你看，派上用场的时候，每一个零件都是宝贝。”

——生活到此，重新涂上了色彩。

是的，那个有点亲戚关系的小女生阿英，骑着一辆闪闪发光的很酷的红色自行车过来，教他学骑自行车，带他一起去学校，还将两人的自行车锁在一块儿，接着，华小芬出现了，少年的春心开始萌动了。后来，也因为阿英的邀请，他准备参加红辣椒车队和三民中学车队的比赛。

更刺激的是，后来两个车队一起去抓偷车贼。丁一丁发现，偷车的人，原来是枪杀警察的逃犯，于是，惊险的一幕出现了。最终当然是逃犯被抓，大家安全了。

丁一丁这才发现，原来闷蛋小镇，其实一点也不闷蛋啊。

就如那个白色璞玉的传说，在每个人口中，都是一个不一样的传说。就如那个叫“光华号”的男人，一个精神有点问题又年近四十的男人，总是骑着一辆自行车绕着小镇转悠，总喜欢“举起手假装在拉火车汽笛，嘴里发出‘嘟嘟’的声音……自以为是‘光华号’特快列车”。就如那座会长高的闷蛋大桥，“你可以左脚踩在菲律宾板块，右脚踏在欧亚板块上，训斥这两大板块：‘嘿，你们最好给我听好，不要轻举妄动，否则给你们好看。’”于是，假装骂着的女生庄志芳，在丁一丁心中，成了那个在阿嬷口中“南瓜熟了”可以约会的女生……

闷蛋小镇的生活，点点滴滴，串在了一起，你才发现，原来是一串多么漂亮迷人的手链，既能佩戴，也值得好好珍藏。是多么神奇的一个所在啊！这简直就是一个万花筒啊，一转一转，万千颜色，纷至沓来。

而这个时候，我们都大了，当我们回望儿时生活的那个小地方，那个曾被无数次腹诽或嫌弃的小地方，无论是小镇，还是小村，抑或是小城，才发现，原来它是那么温暖和迷人，那么魔幻和万花筒般万千颜色，那么大片和交响乐般恢宏大气，那么难忘和珍贵……而所有这些，都已融入我们的血液，已烙印进我们的生命里，在我们渐行渐远的异域他城，在我们且行且珍惜的年岁里，都已如深深的、浓浓的、大大的乡愁，挥之不去，永跟永随，成了生命的一部分！

对啊，你看，那些童年记忆的黑白电影，在我们长大后的岁月里，刹那就变身彩色电影了，在一遍一遍地播放……

曾经被我们称为“闷蛋小镇”，其实那是一段多么美好的岁月，一段多么神奇的传奇，一个多么温暖的所在……

在这一刻，无论是你，还是我，或许会热泪盈眶，或许会潸然泪下！

每一滴泪水，都是对曾经岁月的致敬，对那些遗落在小镇的乡愁致敬！

童话里的文学足迹

——《乌丢丢的奇遇》教学实录

（根据录像整理）

一、故事导入，了解人物

师：让我们用掌声邀请来自香港的教育专家们与我们一起走进今天的课堂。

今天老师带大家走进一本书，书的名字叫——

生：《乌丢丢的奇遇》。

师：从书名我们可以知道，这个故事的主要人物是？（板书：人物）

生：乌丢丢。

师：透过这个主要人物，你还想了解什么？

生1：乌丢丢一路上有了哪些奇遇？

生2：乌丢丢是个怎样的人？

师：哦，有什么奇遇，为什么会有这些奇遇，这，就是故事的情节。（板书：情节）

你们想了解故事的情节吗？

生：想。

师：让我们一起走进乌丢丢的世界。

（师持书讲读故事）

“……就在乌丢丢准备回家的时候，他不禁倒吸了一口气，哇！他有了新的发现……”

师：他有了什么发现呢？

生1：他可能发现了失踪很久的珍宝。

生2：他也许发现了一种闪光的魔法石。

师：呵呵，具有作家的潜质呀。

（师继续讲读故事：“他有了新的发现……”）

师：同学们，现在知道乌丢丢是谁了吗？

生1：知道。

生2：是一只小脚丫。

师：谁的小脚丫？

生：是一只小木偶的小脚丫。

师：小木偶又是从哪儿来的？

生：是布袋爷爷不小心落下来的。

师：这只名叫乌丢丢的小脚丫要去哪儿呢？

生：去寻找他的布袋爷爷。

二、自读《逆风的蝶》，感受承诺的力量

师：是的！找呀找，第二天，乌丢丢遇到了一位老诗人，吟老很喜欢他，乌丢丢因为得到了爱的滋养而有了快乐。于是，在吟老的陪同下，再次踏上了寻找布袋爷爷的路途。一路上，他有很多很多的奇遇。一天清晨，乌丢丢遇到了一只美丽的蝴蝶，从而有了一段刻骨铭心的经历。

请同学们打开桌上的阅读材料，想想，这里发生了一个怎样的故事。要求边读边思考。

（生自由阅读，师巡视，在后排听课的专家们也融入课堂之中）

师：谁来说说乌丢丢与这只蝴蝶相遇的故事？

生：这天清晨，乌丢丢遇到了一只美丽的蝴蝶，这逆风飞行的蝴蝶是为了履行他对蔷薇花的承诺，赴一次美丽的约会。

师：概括故事的大意，我们可以更简洁些。比如，哪些人？在哪里？发生了什么事？继续。

生：一天清晨，乌丢丢和吟老在寻找布袋爷爷的途中遇到了一只逆风飞行的蝴蝶。

师：一点就通呀！

是啊，去年的这天，蔷薇花与蝴蝶曾经有过一个美丽的约定，今天就是他们相会的日子。蔷薇花忘不了，蝴蝶更忘不了。迎着呼呼的狂风，蝴蝶出发了。我们都看到过阳光下、微风中的蝴蝶，舞姿是那样飘逸、轻盈，那么，狂风中的蝴蝶是怎样的姿态呢？请大家到文中找到相关的句子，把自己的感受批注在旁边。（学生找）

师：狂风中的蝴蝶是怎样的姿态呢？

生1：风越刮越大了，蝴蝶弱小的身子被狂风撕扯着。

生 2：蝴蝶像一片秋叶，让狂风吹得上下翻飞。但他一直不退缩，无论风多么猛，他都在逆风前进。

生 3：他的翅膀被风吹得像叶子一样翻卷着。

师：（出示课件）请同学们轻声读读这些句子，看看有什么新的感受。（生自读，体会）

师：吟老看着手掌上的蝴蝶，他的翅膀被风吹得像叶子一样翻卷着。

蝴蝶像一片秋叶，让狂风吹得上下翻飞。

一阵风吹来，把蝴蝶高高地卷上天空。

他们看见蝴蝶被狂风卷走，像深秋的一片叶子。

师：文字是有画面、有温度、有声音的，再静静地想一想，这段文字最打动你的是哪些地方？为什么？

生 1："撕扯"一词触动了我，我感觉风中的蝴蝶仿佛要被撕破了一样。

生 2：老师，我觉得把蝴蝶比作一片秋叶，打动了我。你想，秋叶是什么？很薄很脆弱，微风一吹就会碎掉，何况狂风呢？而蝴蝶此时的状态就是这样的。

师：像秋叶样的蝴蝶呀，是那样脆弱，而狂风呢？狂风是那么强大。

生：透过"翻卷"一词，我仿佛感受到了蝴蝶被狂风折磨的痛苦。

师：是呀，折磨这只弱小蝴蝶的可是狂风啊。

生：老师，第三段打动了我，蝴蝶虽然被狂风撕扯着，但他并没有放弃，他为了实现自己的承诺依然在不顾一切地飞行着，他的精神真是震撼了我。

师：你能够读到文字背后的精神，真是了不起。

生：最打动我的是文章的第一段，尤其是说蝴蝶像叶子一样翻卷着那一行。我感觉，蝴蝶和蔷薇花的友谊一定很深。他这种精神让我太惊讶了。

师：你能从蝴蝶的坚毅中感受到他们的友谊！读书就是要这样，能读到文字上的东西，更要读到文字背后的东西。总之一句话，狂风中的蝴蝶飞得非常——

生：（齐）艰难！

师：让我们一起来读读这些句子。

生：（激情地）吟老看着手掌上的蝴蝶，他的翅膀被风吹得像叶子一样翻卷着。

蝴蝶像一片秋叶，让狂风吹得上下翻飞。

一阵风吹来，把蝴蝶高高地卷上天空。

他们看见蝴蝶被狂风卷走，像深秋的一片叶子。

师：在阅读文本的时候，我们也可以像今天这样——抓住文章的关键语言（板书：语言）进行阅读，这样可以让我们更好地快速读懂这个故事。

三、再读《逆风的蝶》，体会文本主题

师：同学们，这样艰难地飞行着，蝴蝶是为了什么？

（生纷纷举手）

生：是为了赴一个与蔷薇花的约定。

师：为了赴这次约呀。

生：我觉得还有一个原因是为了蔷薇花的生命。因为这里说如果蝴蝶不去的话，蔷薇花会凋谢掉，如果蔷薇花凋谢就会死掉，所以我觉得也是为了蔷薇花的生命。

师：总之，是为了兑现自己对蔷薇花的——

生：（齐）承诺！

师：就为了一次承诺，就为了这样一个约定，就这样与狂风搏斗，就这样在狂风中逆风飞行，同学们，这样值吗？

生：（齐）值！

师：有危险吗？

生：（齐）有！

师：有危险，但是也要前行呀！如果这只蝴蝶是你的朋友，你最好的朋友，你会担心他吗？

生：（齐）会！

师：一路上，你的朋友，弱小的蝴蝶，与狂风搏斗着，面对弱小的他，你会对他说点什么呢？

生 1：我会对他说：蝴蝶呀，生命只有一次，如果失去了生命，就永远见不到蔷薇花了，如果生命还在，今年见不到，明年还可以再见。

生 2：我会这样对蝴蝶说：蝴蝶呀，一路上危险多多，你不能这样，太草率了，再等等吧，也许明天就是个大晴天，留得青山在，不怕没柴烧！

师：哦……可是，他跟蔷薇花约定的是今天还是明天呀？

生：（齐）今天！

师：还想说，你来。

生 3：我会对他说：蝴蝶呀，你的坚毅一定会战胜种种困难的。

师：哦，你会鼓励他！

生 4：我会说：蝴蝶呀，花有重开日，你的生命只有一次！哪怕这次没见到，凋谢了，明年还会开，你们还可以见面的。

师：我知道，你们都在为蝴蝶担心，所以你们都在劝他，为他担心，让他等等吧。这是你们的心声，我们一起来听听蝴蝶的心声！

（课件出示关于蝴蝶心声的句子）

这是蝴蝶的心声，跟你的同桌一起来读一读吧。

（同桌分角色朗读）

师：我们一起来读一下，我来问，你们来答。（师生对读）

师：“我们在那边的亭子里歇一会儿，等风停了再赶路，好吗？”

生：“我可不能等，真的不能等，我不能让她失望。”

师：“为什么，这约会那么重要吗？”

生：“今年她只为我开放；如果我今天不能和她见面，她就会凋谢。”

师：“那是怎样高贵的一朵花啊！”

生：“在别人看来，她也许是一朵普普通通的花，但对我来说，她是独一无二的。”

师：是呀，对于蝴蝶来说，这朵蔷薇花是——

生：（齐）独一无二的！

师：无论狂风怎样猛烈，无论路途多么遥远，他一定要去——

生：（齐）见到她。

师：就在哪一天？

生：今天！

师：透过蝴蝶的心声，你看到了一只怎样的蝴蝶？

生：信守承诺！

生：坚强勇敢！

生：不放弃不抛弃！

师：所有的这一切，都是因为他对蔷薇花有过——

生：（齐）承诺！（师板书：承诺）

师：承诺呀！难怪乌丢丢在遇到这只信守承诺的蝴蝶后，会发出这样的感叹。

生：（齐读）在这个特别的清晨，一只逆风飞行的蝴蝶，让我知道了信守承诺会有巨大的力量，我也要继续前行，实现我的承诺。

师：乌丢丢也要继续前行，实现他对谁的承诺？

生：布袋爷爷！

师：他一定要找到布袋爷爷！找到了吗？

生：还没有。

师：所以要继续前行。

四、读《种鸡蛋的小姑娘》，猜测故事情节

师：接下来，乌丢丢来到一座小镇上（课件出示图），猜猜，这个小姑娘在干吗？

生1：乌丢丢看见一个小姑娘和一只母鸡。

师：在干吗？

生1：要到市场上把它卖掉！

（生笑）

生2：我觉得她是在等着母鸡下蛋！

（师生笑）

师：到底是在干吗？想知道吗？

生：想！

（师继续讲读故事《种鸡蛋的小姑娘》）

“……我要在这里种鸡蛋花，因为我要把这朵鸡蛋花送给我生病的外婆……开花了吗？明天一早就会知道答案！”

师：你们想知道答案吗？

生：（齐）想！

师：答案就在书中，课后看这本书。

遇到种鸡蛋的小姑娘是乌丢丢的第二次奇遇，你觉得，经历了这次奇遇之后，乌丢丢又有什么感受？

生1：他会觉得这个小姑娘很天真，但也很善良。

生2：我认为乌丢丢会感受到这个小姑娘对她外婆的爱。

师：她种鸡蛋是因为什么？

生：因为爱。

师：对谁的爱？

生：对外婆的爱！

师：是什么力量让她去种鸡蛋？

生：（齐）是爱的力量！（师板书：爱）

师：离开了种鸡蛋的小姑娘，乌丢丢又继续前行，一路上，他还会有哪些奇遇呢？他还会有很多奇遇，这才是文章的第八章。你们想当作家吗？

生：（齐）想！

师：今天让你们来过一下瘾，请同学们猜猜还会有哪些奇遇。先想想。请同学们以学习小组为单位，交流自己的想法，记录员做好简单记录，把你们所有的猜测都写在纸上。每组推选一位同学准备发言。

（小组合作学习）

师：（击掌约定，停止合作学习）哪一组来汇报一下。

（生纷纷举手）

生1：乌丢丢也许接下来会遇到狮子，乌丢丢看到它保卫家园，英勇奋战，他应该要学会坚强、勇敢、有责任心；他接下来还有可能会遇到蜗牛，他会学蜗牛匆匆向前，一刻都不停，他会知道珍惜时间；也许他还会遇到蚂蚁，看到它们在齐心协力地搬东西，他会懂得，团结就是力量！

师：哇，这么多奇遇，她说过的咱们不说，其他同学说说，他会有什么新的奇遇？

生2：我们认为，乌丢丢在寻找布袋爷爷的过程中，他可能遇到一只企鹅，那只企鹅是从南极游泳游到这里来的，它想到维也纳去，成为一个音乐家，它为梦想而奋斗，游泳，游泳千里……（众生笑）乌丢丢还可能会遇到蜜蜂，因为它无私奉献，勤劳，天天去采蜜；他还可能遇到梅花，梅花让他懂得坚贞不屈的精神……

生3：乌丢丢在寻找布袋爷爷的过程中还可能遇到猎人，他告诉猎人不要伤害小动物，要爱护小动物，然后那个猎人从此再也不打猎了；然后乌丢丢还可能遇到雏鹰，雏鹰告诉他要学会飞行必须要经过无数次的跌倒失败；然后还可能遇到蜡烛，蜡烛让他懂得要照亮别人。

（生情绪高涨，继续纷纷举手）

师：刚才我在下面看了，我知道同学们还写了很多很多的奇遇，同学们可以课后交流。刚才是你们笔下的乌丢丢，我们一起来看看作者笔下的乌丢丢还会有哪些奇遇呢？（课件出示这本书的目录）这是本书的目录，是一路的奇遇。说说，你最想读的是哪一章？

（生纷纷举手）

生：我最想读的是《第十章：与蛇对话》。

师：为什么？

生：因为我觉得蛇是一种很恐怖的动物，乌丢丢竟然可以跟它对话，我就觉得很不可思议，我就好想看。

生：我想看《第七章：蘑菇人》。我只听说过蘑菇，从来没听说过蘑菇人，所以想看看。

五、走近作者，激发读书兴趣

师：不光你们想看，很多人都想看这本书，我们湖南籍的作家、画家黄永玉，在看了这本书后发出了这样的感叹（课件出示），尚静，你来读读！

生：他是诗人，是童话作家，他更是诗人与童话作家的完美结合。因为，他的诗中有童话，童话中有诗。

师：这是黄永玉对这本书的作者的评价，你能猜到这本书的作者是谁吗？

生：（齐）金波！

师：你们怎么知道的？

生：（笑）书上写了！

师：（笑）是的，老师也非常喜欢读金波的书，因为他的书不但故事温暖，而且语言非常优美，他既是诗人又是童话作家。比如《做一片美的叶子》《树的心声》（课件展示几本书的封面），希望同学们去阅读更多金波爷爷的作品。希望你们过一个有阅读相伴的童年。有阅读相伴的童年，一定是幸福的童年！下课！

英雄　神话

——《中国古代神话故事》编教记录

导　读

亲爱的同学们：

当你打开这本湖南人民出版社出版的《中国古代神话故事》时，你会读到一些来自很久很久以前的中华远古时代的故事，到底有多久呢？我们好像也无从知道。但我们知道，那是人类历史的婴儿时期。

那时候，人们对世界、自然的认识能力还很幼稚，思维能力极为简单。面对日、月、风、雨、雷、电的变幻，他们万分惊讶，却无法进行科学的认识和解释，他们只能凭借自己狭隘的生活体验加以想象和幻想，于是，他们认为自然界一切现象都是神的主宰。他们幻想出了女娲，他们说女娲不仅是世界的创造者，而且是人类万物的始祖；他们说日月西行、江河东去是因为“共工触不周山”，他们还说杜宇会化为子规在田间地头啼鸣，湘妃的眼泪会化作竹子上的斑斑点点……这是他们对世界最初的认识和想象。

那时候，人们无法战胜洪水、猛兽、雷电、炎热、干旱等强大的自然力带来的各种灾害，于是人们靠自己的幻想，创造出具有超能力的英雄神，他们说夸父追赶上了太阳，他们说大禹治理好了滔天的洪水、精卫每天衔石填海……这些威力无比的英雄神是和他们一起战胜自然和征服自然的领袖。后来，这些在人们想象和幻想中产生的英雄神就成了各部落中智慧和才能出众的英雄人物，创造了天地万物。

这是他们对世界最初的梦想和愿望。

这样的故事，代代相传。

今天，我们走进《中国古代神话故事》，会看到世界是怎样开始的，诸神与人类是怎样诞生的，盘古是怎样创造世界的；我们会看到诸神之间的恩怨情仇，黄帝擒蚩尤，刑天舞干戚；我们还会看到诸神与人类的幸福时代，盘瓠娶公主，娥皇、女英为舜流下的相思泪……

走进《中国古代神话故事》，我们会感受到中华先民们独有的博大坚忍和自强不息。面对黑暗，他们会钻木取火；面对末日洪水，他们勇敢地与之战斗；面对炽烈的太阳，他们也敢于追逐、挑战；……这种勇于抗争的精神已经流淌在了我们中华儿女的血液里。

阅读《中国古代神话故事》时，我们可以分阶段制订自己的阅读计划，沿着课后阅读提示学习阅读技巧，尝试完成书后的阅读测试单，还可以在读完全书后尝试写写自己的读后感想。

阅读《中国古代神话故事》时，我们还可以用上自己喜欢的阅读策略：

（1）猜读：通过读封面、目录、题目、插图来猜测故事的内容。

（2）选读：选择自己感兴趣的、好奇的章节先读，再读其他的故事。

（3）标记：在读的时候圈画、标记出自己感触深的、有疑问的地方。

（4）分享：通过讲故事、写读后感等形式和他人分享自己的阅读感悟。

亲爱的同学们，每个民族都拥有自己的神话故事，《中国古代神话故事》是我们中华民族精神的源头，这些古老的故事如同一块块璞玉，经过时光的打磨，穿越悠远的历史步道，璀璨地闪耀在今天、未来、未来的未来。

阅读推荐课教学设计：创世的英雄

[教学目标]

1. 能产生阅读中国古代神话的兴趣，自主阅读相关作品。

2. 能边读边想象，感受中国古代神话的神奇。

[教学时数]

1 课时。

[教学过程]

一、字源导入，追溯神话的起源

1. 字源激趣。（出示课件：“神”的甲骨文）

猜一猜：这是什么字？

2. 揭秘神话：这是“神”字！因为古人认为自然界风雨、雷电的变幻，太阳、月亮的运行，都是出于神的力量。我们的祖先把他们的思考、想象，编成了故事。老人们把这些关于神的故事讲给孩子听，孩子们长大了又讲给他们的孩子听，神话故事就这样代代相传，一直流传到今天。

3. 导入阅读：今天的人们，把这些流传下来的故事编辑在一起，于是，就有了这本书：《中国古代神话故事》。（出示封面）

[设计意图] 通过追溯“神”字的字源意义，用故事的形式解读

神话的起源，让学生了解神话故事代代相传、口口相传的特点。

二、共读封面，交流阅读的方法

1. 封面上的图画画的是哪个神话故事，你是从哪儿猜出来的？

（学生自由说）

2. 如果你拿到这本书，你会怎样读这本书？

（学生交流自己的读书习惯）

师小结：每个人读书的习惯都不一样，不论你采用哪一种方法，我们都要关注这些容易忽略的地方。比如，要关注封面、封底、勒口、扉页、目录等。

3. 猜一猜，这本《中国古代神话故事》中可能有哪些神话故事？（学生猜）

［设计意图］从封面的绘图入手引导学生进入神话故事的世界，激发学生阅读神话故事的兴趣，同时引导学生在读封面的同时关注读书的方法与技巧，从而培养学生良好的阅读习惯。

三、细读目录，感知神话的特点

1.（出示目录）来，看看目录，你们刚才说的故事都在里面吗？

2. 同学们刚才说到了这些熟悉的故事，我们一起来读读这些故事的标题，一边读，一边思考：从这些标题中，你发现了什么？

（课件出示题目：《嫦娥奔月》《夸父追日》《精卫填海》《女娲补天》……）

3. 同桌交流：从目录中，你有什么发现？

4. 小结：这些神话故事中的人物不同于常人，他们都做了些什么事？——都是气势恢弘的事。［围绕两个点交流：人（英雄人物）、事（气势恢弘的事）］

（板书：人，事）

［设计意图］通过引导学生细读整本书的目录，了解《中国古代神话故事》目录的编排特点，即按照从古至今的顺序，同时通过反复朗读目录中的标题，初步感知中国古代创世神话的特点——每个故事中都有英雄人物，这些英雄人物都做了气势恢弘的事情。

四、细读故事，梳理神话的特点

过渡：神话中人物到底干了哪些不寻常的事呢？我们来看一个故事。

（出示图片《盘古开天地》）这个人是谁？他做了什么事呢？（开天辟地，创造世界）

1. 我们在课文中读过这个故事，谁来讲一讲这个故事？

这是一个熟悉的故事，老师希望你们能一边听，一边思考：故事是怎样发展的。

2. 生讲故事：讲一讲《盘古开天辟地》的故事。

3. 读后交流：回忆一下，这个故事是怎么发展的？

（师生共同梳理情节图：天地混沌——盘古出现——开天辟地——神奇变化）

4. 小结：我们在《盘古开天辟地》的故事中，梳理出了故事的情节结构。看来，对于熟悉的故事，我们可以读得更深。

过渡：神话故事通过口口相传，来到了今天。向老师也讲个神话故事给大家听，请同学们一边听、一边思考，这个故事里的情节是怎么发展的。

5. 听读《女娲造人》，学生口头梳理情节。

（听故事《女娲造人》）

提问、交流、梳理：在这个神话故事中，故事情节是怎样发展的呢？你可以照样子说一说吗？

（呈现交流：孤单寂寞——女娲出现——捏泥造人——神奇变化）

6. 聚焦情节，追问思考。

仔细看看两个故事的情节梳理图，你们有什么发现？

（生说：天地、神话人物出现、神奇变化、结局美好，重点交流故事中的神奇变化）

如：神话故事最大的特点便是神奇（板书：神奇），这个神话故事中最神奇的地方是哪里？

如：出现在两个故事中的盘古、女娲这两个人物，有什么共同的特点？

小结：你看，当我们读几个同类型的故事时，就能够理出故事的结构特点。

7. 打开学习单，自读《神农尝百草》，自主梳理情节。

自主完成，教师巡视，发现优秀作业。

交流呈现：展示完成得较好的作品。

通过提问进行梳理。

（呈现板书：人类疾病——神农出现——尝遍百草——神奇变化）

8. 小结方法：真好，当我们带着思考读故事，就能读到中国古代神话故事的特点——那时的人们，无法用科学解释世界的起源，相信世界万物是神创造的，于是就有了《盘古开天辟地》这样的创世神话；那时的人们，无法战胜自然的灾害，便把自己的意愿寄托给神，相信神可以战胜灾害，于是就有了《女娲补天》《大禹治水》这样的英雄神话，他们相信这一切是真的吗？

因为相信，所以流传。

［设计意图］这是本节导读课交流的重点。走进神话故事，细读神话故事，从而了解创世神话的特点，感受创世神话故事的魅力，在一边读、一边悟、一边梳理的过程中，了解神话故事情节发展的共同特点，激发学生阅读神话故事的兴趣。

五、链接延伸，激发阅读神话的兴趣

原来，神话故事中的人物可以创造世界，可以战胜自然灾害，那神话中的人物，还能做什么呢？

1. 出示目录：再读目录，猜一猜，神话中还有什么？

生读目录（目录学习单），思考批注。

2. 交流：从题目看，神话故事中还有什么？（战争、报恩、发明、报仇、爱情、亲情……）

3. 总结，激发读书兴趣。

神可以创造世界，可以战胜灾害，可以发明万物，那时一切没法解释的事情，都在神话故事中得到了解释。因为，中国神话故事是我国古代先民们对世界的认识。

接下来的一周时间，希望同学们去读读这本《中国古代神话故事》，在这里，我们可以了解到中国文化的源头。让我们好好阅读这本书，下周我们将一起分享读这本书的感受。

阅读交流课教学设计：英雄的精神

[教学目标]

1. 通过细读《夸父追日》，体会夸父为人类而奔跑的精神。

2. 感知中国神话故事的神奇魅力，发现神话英雄的精神价值。

[课前准备]

阅读《中国古代神话故事》。

[教学时数]

1 课时。

[教学过程]

一、回顾导入，趣味积累与阅读

1. 回顾激趣：上周我们读完了《中国古代神话故事》，哪些故事留在了同学们的记忆中？请大家说说看。（请学生回答）

2. 读神话猜成语：汉语中有很多成语就来自这些神奇的故事，同学们来猜一猜。（PPT 出示游戏：读神话猜成语）

［设计意图］通过回顾交流自己印象最深的故事和“猜神话中的成语”的游戏，让学生在互相交流的过程中回顾故事情节，再次增加阅读神话故事的乐趣。

二、交流汇报，感受神话人物形象

1. 谈话交流：在《中国古代神话故事》中，盘古用自己的身躯创造了美丽的宇宙，后羿用自己的力量射下九个太阳，让人们免受灼热之苦，在他们身上都有一种神奇的魔力，能够实现人们的幻想，这就是神话故事的魅力。

2. 品读《夸父追日》：这是不同的画家画的同一个神话中的人物——你知道关于他的故事吗？

（1）我们读《夸父追日》，故事的主人公是谁？（夸父）谁告诉大家这个故事主要讲了什么内容？（请学生回答）

师指导：其实题目就已告诉我们故事的主要内容，像这样题目表达主要内容的神话故事你还知道哪些？

女娲补天、嫦娥奔月、精卫填海……

（2）回顾神奇：回忆一下，你觉得在这些情节中，有哪些神奇之处？指名交流，适时引向“神奇”。

（3）领悟神奇：你看到了哪些神奇的事？想一想。

学生交流：巨人、喝水、手杖、追上太阳。

（前一个鼓励、激励，后两个点评核心。不需要每个都回应）

（4）想象神奇：夸父的身体还会变成什么呢？想一想，夸父的身体上还有哪些是课文没有写过的？和你的同桌交流一下吧！

他的鼻子变成了高高的珠穆朗玛峰，他的眉毛变成……

（5）小结：英雄夸父，用他的整个身体创造了这么多事物。他呼出的气息变成了四季的风和飘动的云。他发出的声音化作了隆隆的雷声……

带着想象读故事，就能将故事读得更加有趣。

3. 追根溯源，寻找神话的足迹。

神话故事通过代代相传，从遥远的上古时代来到了今天，这个故事最初被记载在《山海经》(出示封面）这本书中。我们来看看，人们最初是怎么记录的。

出示：

夸父与日逐走，入日；渴，欲得饮，饮于河、渭；河、渭不足，北饮大泽。未至，道渴而死。弃其杖，化为邓林。

（1）自由读：这是一篇文言文，大家试着读一读。

（2）释义：用自己的话说说故事的大意。

（3）神话故事书中说夸父想驱除寒冷去追赶太阳，在《山海经》中，夸父又是因为什么去追赶太阳的呢？

（4）巨人夸父想和太阳赛跑，真是太神奇了。短短的古文中，还有哪些句子让我们感到很神奇的呢？

（5）对比交流：在《中国古代神话故事》中，夸父是因为不喜欢黑夜，去追赶太阳；在《山海经》中，巨人夸父是为了与太阳赛跑而去追赶太阳——同一个故事，为什么会有不同的说法？

（6）看来，每个人在讲述一个神话故事时，都会带上自己的想象和理解。同学们，你觉得夸父还有可能因为什么去追赶太阳呢？

（生交流）

4. 小结：不管夸父是因为什么去追赶太阳，夸父都是中国人心中的英雄。夸父不屈不挠，为梦想而奔跑的精神融入了每一个中国人的血液里。

［设计意图］在此环节中，通过细读《夸父追日》让学生感受这个熟悉的神话故事背后的流传足迹，通过对比不同版本的《夸父追日》让学生感受神话故事在流传过程中所呈现出的特殊形态——神话，是人们想象的产物，也是时间的产物。

三、对话创作，每个人都是自己的英雄之神

1. 想象思考：每个人都有一个英雄的梦。假如你就是远古的一个英雄之神，你希望自己是什么样子的？有怎样的本领？当时人世间遇到了怎样的灾难？（起因）你是怎样勇敢战斗的？（经过）结果怎样？（结果）赶快拿起笔来，创作自己的英雄神话吧！

2. 课堂创作：创作关于自己的英雄神话，写故事概要，还可以配插图。

3. 交流展示分享。

［设计意图］每个人都是自己的英雄神，每个人都有一个英雄梦。这个环节给学生提供一个创作的平台，让学生在创作想象中实现自己的英雄梦，激发学生阅读神话的兴趣，促进学生进一步把握神话故事的情节。

四、链接拓展，延伸神话之广

读完《中国古代神话故事》，我们还可以开展相关的系列阅读，老师建议如下：

1. 读保存中国神话故事最多的著作《山海经》，翻开它，你就能看到住着九尾狐的青丘山、住着西王母的昆仑山、大人国、小人国、一目国……

2. 可对比阅读其他国家的神话，推荐《希腊神话与英雄传说》。

3. 和同学一起，将自己喜欢的神话故事编成神话剧。

童话是一粒种子

——《愿望的实现》编教记录

导　读

亲爱的同学们：

一粒种子能长成什么？

哦！开始的时候，它是一粒种子，后来，它会变成一棵小苗，后来的后来，它也许会变成一棵树，一棵很大很大的树。这棵树上有茂盛的枝叶，鸟儿会来唱歌，一阵风吹过，大树会自由自在地摇曳。

你知道吗？

童话就是人类的一粒种子。

在我们童年时期，这粒种子悄悄地播撒在我们生命的土壤里。我们慢慢长大，童话也在慢慢长大，长成一棵大树，四季都有颜色，早晚都是风景。有颜色，有风景，我们的生活变得多么美好啊。

你一定听过很多童话吧！格林兄弟的秘密、安徒生的世界是不是曾伴随你进入甜甜的梦乡？你知道吗？在格林兄弟和安徒生之外，世界上还有好多好多人在写童话，世界上还有好多好多童话呢。

印度诗人泰戈尔你们一定不陌生吧！

假如我变成了一朵金色花，
为了好玩，
长在树的高枝上，
笑嘻嘻地在空中摇摆，
又在新叶上跳舞，

妈妈，你会认识我吗？

——泰戈尔《金色花》

我每天把纸船一个个放在急流的溪中。

我用大黑字把我的名字和我住的村名写在纸船上。

我希望住在异地的人会得到这纸船，

会知道我是谁。

——泰戈尔《纸船》

这位曾经游历过中国的诗人，真是多才多艺，“右手写诗，左手写童话”，他的童话和诗一样，是世界文学宝库中的瑰宝，璀璨夺目、浪漫飞扬。

他的童话也是灿烂、诗意的。《愿望的实现》里，老苏巴是一位要求非常严格的父亲，儿子小苏希非常调皮贪玩。儿子好想快快长大，长成父亲那么大。父亲却好想好想回到儿子的年龄，然后好好读书。正如故事的题目一样，父子俩的愿望都实现了。愿望实现以后，他们的世界发生了哪些有趣的变化呢？在变化的世界里他们又有了什么新的愿望？

苏联作家楚科夫斯基也是一位童话高手。他把美国著名童话作家休·洛夫廷的一部长篇童话带到了你们面前，就变成了《好心大夫猴国历险记》。经过了那双神奇的手，这部长篇童话一下子就变小了，变得跟你们一样小。这就是大作家的本事——可以把巨大的文学作品变成儿童的伙伴。

《得到魔靴的汉斯》的作者勃拉盖妮娜也是一位了不起的诗人，除了写大量的童诗，她还创作了很多神奇非凡的童话故事。在她的笔下，小鞋匠汉斯非常勤劳、善良，所以赢得了长髯老汉的喜欢，得到老汉赠送的一双神奇的靴子。拥有了这双神奇的魔靴后，小汉斯的生活有了哪些神奇的变化呢？他的梦想是不是都实现了？

我用一只眼睛看世界，所以我整天都无忧无虑。

我特别喜欢太阳，我能把太阳光从喉咙里吞下去，这样，我的喉咙就是金灿灿的，能唱出非常好听的歌。

听我唱歌，就会让听到的人产生笑的愿望。

…………

这是俄罗斯现用国歌歌词的作者米哈尔科夫根据法国民间童话为全世界儿童创作的《独眼鸟》。每一个读《独眼鸟》的人，都会常读常新，都会读到不同的内涵，那是因为《独眼鸟》中有属于每个人的哲学，这些蕴藏在童话中的道理让我们的生活更加光亮明媚。

还有还有……还有一个男孩用动听的歌声拥有了一朵云，可是从此以后，“失去了自由的云朵，就什么奇迹也创造不了了”。于是，男孩跑到窗前，打开了窗户，他看到奇迹发生了；还有还有……还有那个在广场上拉小提琴的人，拉了很多很多年，却总是拉不出美妙的旋律，直到那只受伤的小鸟出现……

这真是一本世界的童话啊！感谢这本书的译者韦苇老师把这些美好的故事从遥远的地方带到中国，带到我们面前。他说：“耐得住咀嚼的童话才是好童话。”

让我们慢慢读、细细品吧。

读着读着，童话中好玩的、生机勃勃的、浪漫智慧的东西都会悄悄来到我们小小的生命里。如同一粒小小的种子，某一天会发芽，然后跟着我们一起慢慢长大，长成一棵大树，长成一片童话的森林。

童话，它是一粒种子。

（《愿望的实现》，泰戈尔等著，韦苇译，向春芳主编，湖南人民出版社，2021 年版）

第一课时：整本书导读课教学设计

［内容简介］

《愿望的实现》这本书包含了六个小故事，分别是《愿望的实现》《好心大夫猴国历险记》《广场上的小提琴手》《风给男孩一朵云》《独眼鸟》和《得到魔靴的汉斯》。其中，《好心大夫猴国历险记》讲了三个年轻人来到毫无生气和活力的纸牌王国以后，给纸牌居民们带来音乐、爱情和快乐的故事。而《愿望的实现》取材则更加贴近孩子们的日常生活，是非常值得孩子们阅读的、有深刻教育意义的一个故事。

［教学目标］

1. 通过看封面、目录，了解本书的相关信息。

2. 通过导读《愿望的实现》《好心大夫猴国历险记》，培养学生阅读童话的兴趣，能主动阅读童话故事。

［教学难点］

对童话故事产生阅读兴趣，能主动阅读童话故事。

［教学过程］

一、谈话导入，了解作者

1. 读诗导入：听说，你们读了很多古诗，今天向老师带来了两首现代诗，我们一起来看一看，读一读。出示第一首《金色花》，齐读。

假如我变成了一朵金色花，
为了好玩，
长在树的高枝上，

笑嘻嘻地在空中摇摆，
又在新叶上跳舞，
妈妈，你会认识我吗?

——泰戈尔《金色花》

出示第二首，并齐读。

我每天把纸船一个个放在急流的溪中。
我用大黑字把我的名字和我住的村名写在纸船上。
我希望住在异地的人会得到这纸船，
会知道我是谁。

——泰戈尔《纸船》

2. 交流：读完这两首诗，你有什么感觉?

（学生表达自己的朗读感受）

3. 简介泰戈尔：这两首诗出自同一位诗人，他的名字叫泰戈尔。我们一起来朗读他的资料。

（1）逐一出示播放：

泰戈尔（1861 年 5 月 7 日—1941 年 8 月 7 日），印度诗人、文学家、社会活动家、哲学家。代表作有《飞鸟集》《眼中沙》《四个人》《园丁集》《新月集》等。泰戈尔出身于印度加尔各答一个富有的贵族家庭，13 岁即能创作长诗和颂歌体诗集。他多才多艺，既写诗，也写童话。他是第一位获得诺贝尔文学奖的亚洲人。

（2）从这些资料中，你知道了什么?

（学生交流表达）

（3）小结过渡：泰戈尔这位伟大的印度诗人，他不但写诗，还写童话。

二、初始感知，了解方法

1. 识封面：《愿望的实现》就是泰戈尔写的一个童话故事，让我们一起写下这本书的名字。（板书课题）

拿到一本新书，我们都先关注这本书的封面，因为封面往往是这本书的名片。而学会从封面读起，这是一个很好的习惯。我们来仔细观察一下这本书的封面，在封面上你都了解到了什么内容？

书名、主编、插图、出版社、译者……

2. 知目录。

接下来，我们可以怎样去读这本书呢？

每个人都有不同的读书方法。我们可以先读目录，通过目录我们可以知道什么？

（1）这本书包含了六个小故事，分别是《愿望的实现》《好心大夫猴国历险记》《广场上的小提琴手》《风给男孩一朵云》《独眼鸟》和《得到魔靴的汉斯》。（这是一本童话故事集）

（2）如果读第二个故事要从哪一页读起？

（3）小结：学会了读目录，我们就可以自由选择从哪个故事开始读。

三、导读故事，激发兴趣

1. 了解人物：我们先来看第一个小故事。（师读故事第1—4页）

猜一猜，老师刚才读的是哪一个故事？（课件出示目录）

在这个故事中有哪几个主要人物？

2. 思考提问：看到这个题目你的头脑中闪现出了什么问题呢？（生交流）

预设：①这是谁的愿望？②他的愿望是什么？③他的愿望实现了吗？④怎么实现的？⑤实现后有了哪些变化？

3. 了解愿望：老苏巴和小苏希的愿望分别是什么呢？

（师继续读故事）

出示《愿望的实现》片段，齐读。

苏希的心愿是：我要变得像父亲苏巴这么大，自由自在，想做什么就做什么，那该多好啊。

那边苏巴先生独自坐在外面也在遐想：我的父母以前太溺爱我了，所以我小时候没能好好念书。唉！要是童年的日子能重新回来，那我一定不再浪费光阴，我要把每分每秒都用来读书！

① 指名读这两段话，说说他们的愿望是什么？

儿子：变成父亲那么大，自由自在。

父亲：返老还童，专心读书。

② 猜想结果。（边读边猜）

他们的愿望实现了吗？

愿望实现后又发生了什么？

③ 学生自由猜想、表达。

过渡：看来，在同学的心中有这么多有趣的故事。

④ 读文揭秘：故事中这样写道（出示）：父子俩的愿望都实现了，但是他们却陷入了难为情的境地。

这是为什么呢？

小组合作交流：为什么愿望实现了，他们却陷入了难为情的境地？猜一猜，这是为什么？

交流汇报。

4. 自读片段。

① 父子俩的愿望都实现了，却过得并不快乐，这是为什么呢？请大家拿出抽屉里的故事片段，自己读一读吧。

② 交流：实现愿望以后，他们到底陷入了怎样的难为情的境地呢？

③ 小结：实现愿望后的父子，并没有如他们原本所想得那样美好。变小了的父亲，依然是一个贪玩的孩子，没有如他自己想象的那样去好好读书。而变老的苏希也很可怜，他并不能为所欲为，因为他的年龄大了。

④ 经历了这一次愿望的实现，他们有收获吗？

交换年龄后的他们生活得都不开心，最后在仙子的帮助下又变回了原来的自己，但经历过这一切的他们懂得相互体谅，也不再像以前那样针锋相对了。

四、阅读指导，制订计划

1. 指向全书：除了《愿望的实现》以外，这本书中还有其他五个有趣的故事（出示目录）。你还想读哪个？

2. 为了让同学们有计划地阅读，我们可以制订一个阅读计划，我们一起来看看吧！

时间安排：每天读一个小故事。

阅读要求：在阅读过程中，注意把你喜欢的人物圈出来，并思考一下，你为什么会喜欢这个人物？在读书的过程中，要爱护好图书。

［板书设计］

愿望的实现

看封面

知目录

读故事（猜、画、写）

第二课时：阅读交流课教学设计

[教学目标]

1. 阅读交流时能展开想象，感受童话故事人物的奇特与故事情节的奇妙。

2. 阅读交流时能运用情节图梳理情节结构，并试着将故事讲给别人听，能大胆表达自己的阅读感受。

3. 进一步激发学生阅读童话故事的兴趣。

[教学重点]

阅读交流时能运用情节图梳理情节结构，并试着将故事讲给别人听，能大胆表达自己的阅读感受。

[教学过程]

一、游戏激趣导入

小朋友们好，欢迎大家走进思维阅读课堂。我是向老师，最近我们都在读一本有趣的童话故事书，名叫《愿望的实现》，（手持书本）这里面有许多奇特的童话人物，也有很多有趣的故事。小朋友的脑海中一定留下了他们的身影。

上课前，我们来玩一个有奖竞猜游戏。

有奖竞猜：猜故事人物、猜故事情节。

依次出示6道选择题，在问答中了解学生对整本书内容的把握程度。

1. 老苏巴的愿望是（ B ）。（《愿望的实现》）

A. 变成一只会飞的鸟　　B. 重新回到童年

C. 去一个遥远的地方旅行　　D. 帮助儿子实现他的一切愿望

2. 在各种鸟兽中，好心大夫最喜欢的是（ C ）。（《好心大夫猴国历险记》）

A. 一只猴子　　　　　　　B. 火鸡

C. 一只叫吉卡的鸭子　　　D. 鹦鹉

3. 小提琴手最终明白了，只有（ B ）才能演奏出美妙的旋律。（《广场上的小提琴手》）

A. 拥有一把昂贵的小提琴　　B. 自己心中有强烈而真挚的感情

C. 跟随一位优秀的老师　　　D. 选到一首很好的曲子

4. 以前斑鸠鸟总是很快乐的原因是（ B ）。（《独眼鸟》）

A. 它有一个爱它的妈妈

B. 它只看到了生活中快乐的一面

C. 它每天都可以得到很多好吃的

D. 它有一支快乐魔法棒

5.（ A ）送给汉斯一双魔靴。（《得到魔靴的汉斯》）

A. 髯须老汉　B. 愿望女神　C. 汉斯的爷爷　D. 汉斯的爸爸

6. 云朵来到沙缪尔的房间后就可变成（ D ）。（《风给男孩一朵云》）

A. 大象　B. 小鱼　C. 一种奇怪的东西　D. 什么也变不了

二、交流阅读思考

（一）讲一讲“我”喜欢的故事

《愿望的实现》这本故事集中，有许多精彩有趣的故事。请挑选你最喜欢的一个，简单地跟大家说一说吧，记得带上你自制的“故事情节绳”哦！（课件出示故事插图）

1. 学生结合自己制作的“故事情节绳”讲故事。（实物投影“故事情节绳”）

2. 故事交流。

（1）听了《愿望的实现》这个故事，你有什么感想？

（2）《好心大夫猴国历险记》的故事多么扣人心弦啊，好心大夫他们是怎么一次一次脱险的？

（3）听了《广场上的小提琴手》，你觉得小提琴手要怎样才能奏出美妙的音乐？

（4）《独眼鸟》中的斑鸫鸟为什么以前总是很快乐？

（5）《得到魔靴的汉斯》中的汉斯到老都没有实现自己的愿望去旅行，汉斯后悔了吗？为什么？

（6）后来，男孩沙缪尔又遇见了那朵云，他们会聊些什么呢？

（二）聊一聊“我”喜欢的人物

1. 这本书中有这么多童话故事，在这些故事中，有这么多有趣的人物（课件出示每个故事中的人物图、文），你觉得哪个角色最有意思？说说你喜欢这个角色的理由。

2. 小结：顽皮的小苏希、小提琴手、聪明的男孩、勤劳的汉斯……这么多有趣的角色让我们如此喜欢。

（三）演一演“我”喜欢的片段

1. 在阅读过程中，你对哪个故事片段印象最为深刻呢？

还可以邀请你们团队的小伙伴一起来演一演精彩的故事片段，把阅读时的心情与感受通过你们的表演展示出来，我们先来分团队练习一下。

2. 欣赏学生的故事表演。

3. 小结。

（四）编一编“我”想象的故事

1. 童话故事是童话作家创造的，每一个故事都可以无限延长。想象一下，老苏巴和小苏希变回自己之后，他们的生活会有哪些变化呢？第二年，非洲森林里又遭遇了疫情，这一次好心大夫会怎么做呢？

2. 请同学们展开自己的想象，续编你喜欢的故事。

3. 展示交流。

4. 点评。

三、阅读总结，拓展延伸

1. 读完一本童话故事，我们可以和同学聊一聊，可以把这个故事讲一讲，可以演一演自己喜欢的片段，也可以续编一下故事后来是怎么样发展的。

读了这么多有趣的童话，这些童话故事会像种子一样种在我们的心中。童话是一束七色光，它温暖着你的心灵，也照亮了你的梦想！

2. 同学们可以用这些方法去读更多的童话故事。

趣读《水浒传》

——班级读书交流课“趣谈‘水浒’绰号”课堂实录

一、导入

师：从今天开始，我们已经进入了第二单元的学习。大家一起看一下目录（幻灯片出示目录），这个单元的选文全是四大名著的片段。

在正式学习课文之前，今天我们先了解一下《水浒传》的其他有趣的内容。请读过《水浒传》的同学举手。（全班有半数以上的同学举手）

师：你知道《水浒传》中有多少个人物吗？

生 1：一百零八个。

生 2：我也认为有一百零八个，因为有一百零八将。

生 3：两百个。（同学们听后都笑了）我认为除了一百零八将外，还有许多反面人物。

师：你的解释有道理。那正、反面人物加在一起到底有多少个呢？

生：二百五十个。（班上再次爆发出一阵笑声）

师：据初步统计，有名有姓的人物是五百七十七个；有姓无名的人物是九十九个；有名无姓的人物有九个；无名无姓，但对故事情节发展有一定作用的人物四十个。加起来一共写了出场人物七百二十五人，另外书中提到但未出场的人物还有一百零二人，总共为八百二十七人。（展示课件资料，同学们发出赞叹声）

读过《水浒传》的同学可能都知道，这几百个人有一个非常有趣的特点，那就是很多人物都会有一个绰号。今天这节课，我们就来聊聊《水浒传》里的绰号。（展示课题课件，老师板书课题：趣谈“水浒”绰号）

二、聊聊“绰号”

师：说到绰号，我们并不陌生。我们班上、身边一些特点鲜明的人，可能都会被同学送上一个绰号，比如，我们班有一个同学叫余楚昂，跑步特别快，于是大家就给他起了一个绰号叫——（同学们齐答）飞鱼。对，这个绰号就是形容他跑得非常快，像飞行的鱼一般。

你们知道“绰号”这个词，最先出自哪里吗？（学生摇头后，老师播放视频）请看屏幕中“秒懂百科”是怎么解释的。

生 1：绰号最先出自《水浒全传》。

师：你听得很认真！

生 2：绰号也是昵称。

师：是的，绰号既有善意的，也有恶意的、侮辱性的。大家要慎用。

师：“绰号”一词是施耐庵创造的。你知道《水浒传》中第一次出现绰号是哪一个人物，绰号又是什么呢？

生 1：宋江，孝义黑三郎，又叫山东及时雨。

生 2：黑旋风李逵。

生 3：及时雨宋江。

生 4：青面兽林冲。（学生纠正：青面兽是杨志）

生 5：双鞭呼延灼。

师：同学们知道这么多水浒绰号，真了不起。不过，你们都没有回答对，我们来看大屏幕吧——（课件演示）绰号第一次出现是在《水浒传》第五十九回，用来描写梁山好汉的第六十一位好汉——樊瑞。

师：现在我们在学习小组里一起回忆一下，你们知道哪些“水浒”绰号吧。

（学习四人小组交流“水浒”绰号）

师：接下来，我们开火车说一说“水浒”绰号，要求不能重复不能错，若有错或者重复的话，大家就一起帮助他，一直到全班都说不上来，或者一百零八将全部说完。

（全班学生一齐开火车说“水浒”绰号）

师：同学们真厉害！那么，这么多的绰号，到底是因什么而得来的呢？可能有同学会说，这还不简单吗？比如，黑旋风李逵的绰号与风有关？

生：（一学生点头后回答）是的，李逵很鲁莽，走路像一阵风似的。

师：真的如此吗？（课件：火炮）这就是宋代的“黑旋风”，是一种火炮的名称。（学生大吃一惊，发出“啊”的一声）所以，每一个看似简单、寻常的绰号，也许跟我们想象的并不一样。接下来我们看一组问题，请在四人小组内讨论——

（课件出示）

1. 混江龙李俊的绰号与龙有关？

2. 旱地忽律朱贵的绰号源自朱贵是少数民族？

3. 短命二郎在家排行老二？

——这些说法对不对呢？

（学生讨论，之后进行汇报）

生 1：我们组认为李俊的绰号与龙有关。龙在水里生活，说明李俊的游泳技术好。朱贵的绰号不是源自少数民族。短命二郎应该在家排行老二。

生 2：我们组前两项和刚才发言的小组想法一致，只是短命二郎我们认为是与二郎神有关，可能是他打架的本领高。

师：大家的判断有各自的道理。老师查了一下资料，资料显示：在宋代，“混江龙”是一种搅拌泥沙的工具，显示出他在当地的分量很重，与龙无关。忽律在古代指的是两种猛兽，一是鳄鱼，二是有剧毒的四脚蛇，旱地忽律朱贵的绰号，是他手下人喊的，足见其凶残狡诈。短命二郎阮小五的绰号与二郎神有关，与排行无关。

其实，每一个看似平常的绰号也许都有着特殊的意义，很多绰号还跟那个时代的文化有关，所以，读透一本书，还得了解这本书中的故事所反映的时代与当时的文化。（出示课件：读一本书，先了解这本书的时代背景）

三、从“绰号”到“人物”宋江

师：“水浒”中绰号最多的人物是谁？他有哪几个绰号？绰号有哪些含义呢？

生 1：我知道。我认为是宋江，他有山东及时雨、黑三郎的绰号。

生 2：他还有孝义黑三郎的绰号。

生 3：他还有呼保义的绰号。

师：大家说得好，我想再问问，你们知道这些绰号分别有什么含义吗？

生：我知道孝义黑三郎的含义。这个绰号说明宋江很孝顺，皮肤黝黑。

师：没错，我们来看看宋江出场时的描写。请看大屏幕，一起读一遍——

那人姓宋，名江，表字公明，排行第三。祖居郓城县宋家村人氏。为他面黑身矮，人都唤他作黑宋江；又且驰名大孝，为人仗义疏财，人皆称他作孝义黑三郎。

——《水浒传》第十八回

（生齐读）

师：相信五年级的同学都能轻松读懂这段文字。这是宋江在《水浒传》中第一次出现。我们知道，在小说中，对人物第一次出场的描写是非常重要的，那么“孝义黑三郎”背后，到底有什么故事——

（出示课件）“郎”这个字，在古时候是对年轻男子的一种称呼。比如我们比较熟悉的民间故事中的“牛郎”，《三国演义》中的“周郎妙计安天下，赔了夫人又折兵”。因为宋江长得黑，且在家族里排行第三，所以被称为“黑三郎”；“孝义”就是孝顺。

说起宋江的孝顺，那可是大大超乎我们的想象。

我们都知道，古时候在官府里做事的人如果犯了罪，亲人就要负连带责任，有时甚至会株连九族。宋江可是一个未雨绸缪的人，在入官府任职之初，为了不连累家族，特意逼着自己的父亲去状告他“不孝”。于是，当时的县衙官员就写了一个批准文书，同意宋家与宋江脱离关系。当然，这是宋江和他父亲商量好以保全宋家不受牵连的办法。由此我们可以看出，宋江“孝义黑三郎”的绰号可真是名副其实。

宋江在被逼上梁山的路上，收到一封信，内容是：父亲去世，速回。宋江看到信后，伤心痛苦，捶胸顿足，连晚饭也顾不上吃，就冒着危险，连夜独自回家了。

后来，还是被逼上了梁山。上了梁山后，孝顺的宋江再次冒着被捕的危险，在梁山好汉的帮助下，把父亲和弟弟接到梁山上来，让父亲能在自己的身边安度晚年。

宋江的孝顺，在他家乡一带尽人皆知，所以家乡的人一般都叫他

"孝义黑三郎"。

师：你还知道宋江哪个绰号及其含义？

生：我知道呼保义的含义。"呼保义"这个绰号，是宋江的自称，无论在书中还是在电视剧中，宋江对自己的称呼都是呼保义。

师：你真了不起！请大家掌声鼓励一下他！还有一个"及时雨"的绰号，谁知道它的含义？这个绰号是怎么来的？

生：他喜欢帮助别人，及时助人。

师：你真厉害，是一个读书爱思考的孩子。的确如此。我们来看《水浒传》原著中是怎样描写的，请大家读一读（出示课件）：

宋江平生只好结识江湖上好汉；且好做方便，每每排难解纷，只是周全人性命。时常散施棺材药饵，济人之急，扶人之困，因此，山东、河北闻名，都称他作及时雨，却把他比作天上下的及时雨一般，能救万物。

——《水浒传》第十八回

师：看来，及时雨就是说宋江总是在别人最需要帮助的时候像及时雨一样落下，扶危济困，所以在江湖上，大家都叫他"及时雨"。到底有哪些扶危济困的故事呢，推荐同学们好好地去读一读原著。

四、"绰号"文化的形成

师：从宋江的三个绰号我们可以看出，"孝义黑三郎"跟他的外貌有关，"呼保义"是他在表达自己的理想、忠心，"及时雨"是说他的为人处世。原来，看似简单的绰号也有它特有的绰号文化。（课件：绰号与文化）

师：请大家看一看大屏幕中"水浒"的这些绰号，你们能不能分析出这些绰号的特点？能不能分类呢？（出示"绰号一览表"）或许后面的同学看不清，没关系，老师准备了一张学习单，请各学习小组长拿出来，对照绰号，一起讨论一下如何给这些绰号分类吧。

（学生按学习小组讨论分类）

（各小组汇报，老师用手机连线大屏幕，展示学习单）

师：刚才同学们汇报得很好，体现了大家的智慧。我这里也有一份绰号分类，与大家分享——

（1）与兵器玩物有关：

双鞭呼延灼、双枪将董平、没羽箭张清、金枪手徐宁……

除了常规兵器外，还有他们手上可以用来做武器的乐器，比如铁笛仙马麟、铁叫子乐和等。

（2）与动物有关：

朱贵的绰号是旱地忽律，忽律是凶狠的鳄鱼或者有剧毒的四脚蛇。还有豹子头林冲、玉麒麟卢俊义、矮脚虎王英等。无论是其中的哪一种动物，都说明了拥有这些绰号的人很勇猛。其中最有名的是豹子头林冲。豹子一般体形高大，线条优美，性猛力强，动作敏捷，是威严和力量的象征，奔跑速度快，冲刺时可达到每小时 70 千米左右，一般可达每小时 60 千米左右。

（3）与职业技能有关：

我们五年级有一篇课文，叫作《刷子李》，“刷子李”就是一个绰号，这个绰号很显然与他的职业，与他手上的工具有关，刷子李刷墙的功夫十分了得，他追求的是精益求精，达到完美。

在《水浒传》里也有许多这样借助人物的职业或者技能来取绰号的，比如玉臂匠金大坚（善篆刻）；神算子蒋敬（善计算）；铁面孔目裴宣（落草前当过办案孔目）；丑郡马宣赞（他力气大且勇猛，曾徒手格虎保护圣驾被封为郡马）；神医安道全（医生，善医术）等。通过这些绰号，我们很快就能联想到他们的职业或者本事。

（4）与人物外貌有关：

在水浒里，还有一些绰号是根据人物外貌的特点来的。以人物形体特征为绰号的好汉共有十八人，人物形体特征往往也是作家为一个人物设计绰号的重要依据。如：

花和尚鲁智深（因其身刺有花绣而得名）；

九纹龙史进（因身有九龙花绣而得名）；

赤发鬼刘唐（发色焦黄而得名）；

病关索杨雄、病尉迟孙新（皆因脸色微黄而得名）；

锦豹子杨林（因其头圆耳大且衣着华丽似锦绣而得名）；等等。

（5）与人物性格特点有关：

黑旋风李逵的性格暴躁，如同火炮，一点就炸。像这样根据性格取绰号的也有很多。比如，急先锋索超、霹雳火秦明、铁面孔目裴宣等。

“水浒”一百零八个好汉都有属于自己的绰号。可以说，绰号就是他们的名片。同学们，一部《水浒传》，众多好汉，人人都有绰号，这说明什么呢？这是中华民族悠久的英雄崇拜心理。这些好汉在当时个个都是英雄，个个都有其独特的一面。人物绰号没有贬低哪一个，而是抓住特点，形成他们的名片，赞扬他们的本事，让人铭记在心。这是中国文化中独有的绰号文化。不过，有最重要的一点要提醒大家，我们不能给别人取侮辱性的绰号，这是文明人的基本素养。

师：同学们，今天的课就上到这儿，喜欢的同学可以开始自己去读《水浒传》了。下课，同学们再见。

李白与长江

——“走近李白”主题阅读课堂实录

[**教学目标**]

1. 了解李白一生与长江的密切联系。

2. 通过李白描写与长江有关的诗歌，领略长江沿江风光，感受李白诗歌特点。

一、谈话导入，初识李白

（课前热场，老师邀请学生齐背学过的《望庐山瀑布》《赠汪伦》，表扬学生背诵流利，节奏感强，有韵味）

师：刚才大家背诵的这些诗，都出自同一个人，他叫：李白。（板书：李白）

关于李白，你了解些什么？

生1：他的诗写得非常好。他有一个称号是“诗仙”。

生2：他爱喝酒。

生3：他写过许多山水诗。

生4：他喝完酒之后就会作一首诗。

生5：他和杜甫合称“大李杜”。

师：这是大家眼中的李白。这里有个短片，我们一起看看，短片里介绍了怎样的李白？

（学生专心看介绍李白的短片）

师：看完这个短片，对于李白，你是不是有了更多的了解？

生1：李白性格豪爽。

生2：李白写了不少和长江有关的诗。

师：李白从五岁开始就随他父亲来到长江边的一个小县城，四川江油，一直住在那儿。一直到公元725年，二十五岁的李白才第一次离开家乡，离开家乡之后的李白，就沿着长江来到了安徽省的天门山，写下了第一首跟长江有关的诗。这首诗，我们学过，猜猜——

（教师出示长江风景图片后，学生说出《望天门山》）

师：这一节课，我们就一起来欣赏几首李白写的关于长江的诗。（老师随即板书“与长江”，使课题完整）

二、品《望天门山》，体会愉悦、豪迈

师：为了实现理想，李白在二十五岁那年，怀着满腔的抱负，第一次走出四川，沿江而下（课件出示长江流域图），途经此处，望着这座山（课件：天门山图），写下第一首关于长江的诗，这首诗我们学过，它叫——《望天门山》。（学生说后，出示该诗）

谁来读一读？

（一生有感情地朗读后，全体同学一起朗读）

师：这首诗，我们在语文课上学过了。有人曾说，李白用一支笔写尽了人间景。同学们，你们在这首诗中能读到哪些景物？这首诗中写了哪些景？（板书：景）

生1：这首诗中写到了楚江、青山以及太阳。

生2：我从中还读到了碧水。

生3：诗中还写到了断裂开的天门山。

生4：诗中还有弯弯曲曲的长江。

生5：我仿佛看到天门山两边的绿树把长江水映绿了，夕阳西下，一只小船荡漾在江面上，很美。

师：诗仙写的诗就是非同一般，看似在遥望山，笔下却有山有水。想想诗中哪一句既写了山又写了水？

生：我认为是“天门中断楚江开”。

师：是的，这句诗中有山有水，山是天门山，水是楚江。楚江就是长江。这里的山和水是怎样的关系呢？这里的山又是怎样的山呢？

生1：天门山被楚江冲断了。

生2：楚江从天门山穿过，两边都是陡峭的山崖。

生3：天门山郁郁葱葱，两岸青山笔直地矗立在江边。

师：刚才一位同学说天门山被楚江冲断了，诗中说道“天门中断楚江开”。我们来看看这个“断”字在古代是怎样写的。（出示甲骨文“断”字）“断”是一个象形文字，右边的“斤”表示一把大斧头，断是需要斧

头砍的。我想问问大家，在这首诗里劈开天门山的斧头是什么？

生：（齐答）楚江。

师：因为楚江断天门山，推开天门，滔滔江水东流至此回。这一断一开之间，你仿佛看到了长江怎样的景象？

生1：看到了长江波澜壮阔，雄伟的景象。

生2：我仿佛看到了楚江翻腾，断开的天门山郁郁葱葱。

师：此时你们就是站在长江山水之间的李白，该如何读这首诗？望天门山——

（齐读这首诗）

师：难怪有人赞誉李白：写尽人间景，道尽世间情。在这首诗中，你读出了李白怎样的心情？

生：我觉得是李白思念家乡。我是从“孤帆一片日边来”读出来的。

师：看来每个人读诗都能读出自己的感受。有不一样的吗？

生：我觉得李白有豪迈的感觉。因为“天门中断楚江开，碧水东流至此回”中有壮观的景象，所以体现出李白豪迈的感受。

师：她读出的是豪迈。还有不一样的吗？

生：我从这首诗的“两岸青山相对出”，读出了李白很愉快。因为看到这样美丽的景色，谁不感到愉快呢？

师：是啊，李白行走在长江山水间，李白有愉快，又有豪迈。他的这些心情是因为什么呢？

生1：因为天门山的景观，因为场面的壮观，所以他此时的心情是豪迈的，也是愉悦的。

生2：这还和李白当时的遭遇有关。如果你当时是被贬，不管景色如何，你写出来的诗都会有淡淡的悲伤。

师：长江的山水，让李白产生了豪迈、愉悦的感觉。也谢谢这位同学让我们回顾一个关于李白的故事。谁能读一下这个故事？（幻灯

片展示这个故事，一生朗读）

师：此时你还能认为李白愉悦、豪迈的心情仅仅是因为长江山水吗?（生：不是）那是因为什么?

生：还因为他现在能尽忠报国了。

师：这里有一个词叫举荐，举荐就是推荐，他又可以实现自己的梦想了。让我们再次读出李白的豪迈与愉悦。

（生齐读古诗）

师：我们用声音与情感再现了李白所见的天门山之景。谁能结合李白所描绘的景物，再发挥自己的想象，用自己的语言描述一下李白此时见到的天门山呢?

生1：一天，李白来到天门山，在长江边的小旅馆里住下，夕阳西下，只见长江之水浩浩荡荡地从天门山中间穿过，仿佛一把斧头将天门山劈开，两边悬崖峭壁，十分整齐，天门山上绿树成荫，倒映在江水中。

生2：一天，李白在长江岸边，见天门山矗立在长江两岸，仿佛是被长江劈开一般，两岸的青山两两相望，江边悬崖峭壁，山上郁郁葱葱。阳光下，一艘小船顺江而下，越走越远。

三、读《横江词》，悟失意李白

师：这首《望天门山》我们学过，大家理解得非常好。不久，李白再次路过天门山。至此，他又写下了另一首诗，叫《横江词》。我们一起来读一读，大家先把诗文读通读顺。

横江词

（唐）李白

人道横江好，

侬道横江恶。

猛风吹倒天门山，
白浪高于瓦官阁。

（生自由朗读《横江词》）

师：谁来试着读一下。

（一生朗读）

师：谢谢你，读得很通顺。这首诗与我们平时读的诗有什么不一样？

生：他运用了对偶的手法。如，人道横江好，侬道横江恶。

师：对偶的手法，以前我们遇到过没？（生说：出现过）如：两个黄鹂鸣翠柳，一行白鹭上青天。

生：以前我们学习的诗都是五个字一句的，或者都是七个字一句的，但是这首诗里前两句是五个字的，后面两句是七个字的。

师：这是为什么？知道吗？

生：这是词。

师：这不是词。知道为什么不是词吗？

生：（齐说）不知道。

师：老师告诉你们吧！这是一种特殊体裁的诗，叫歌行体，比较自由，三个字、五个字、七个字都可以。一起说，这种体裁的诗叫什么呀？

生：（齐答）歌行体。

师：歌行体的诗在读的时候，特别要注意节奏。（课件出示节奏线）可以一起读一下吗？

（生齐读）

师：节奏掌握得不错。节奏要掌握在心里。（去掉节奏线）再读。

（生齐读）

师：读得真不错。你们有什么好办法能自己读懂一首古诗？

生：我觉得可以一个字一个字地理解，比如说，第一句，人道横江好。道就是说道的意思，横江就是长江，第一句的意思就是人人都说长江好。第二句中的“侬”不常见，就看注释，注释中说明了侬是方言词，表示“我”。这句话的意思就是“我说长江不好”。

师：谢谢你。他刚才告诉我们一个方法，当我们不理解时可以看注释，根据注释来理解。谁能联系注释，说说第一二句的意思。

生：大家都说长江很好，可是我说长江不好。

师：注释中“恶”是什么意思？（学生：凶险）用凶险是不是更准确一些？（学生：是）我说长江凶险是因为什么呢？

生：是因为长江把天门山劈开了。

师：《望天门山》一诗中写“天门中断楚江开”，但在这首诗里有没有说呢？你们仔细看这首诗里是怎么说的。

生：是猛风吹倒天门山。

师：原来呀是猛风即将要把天门山吹倒，而且白浪——（学生：高于瓦官阁）李白此时感受到的景象是什么？

生：猛风吹倒天门山，白浪高于瓦官阁。

师：同样的天门山，我们在《望天门山》一诗中读到的是这样的长江景象——

生：（课件提示）天门中断楚江开，碧水东流至此回。

师：而我们在《横江词》中读到的却是——

生：（课件提示）猛风吹倒天门山，白浪高于瓦官阁。

师：同样的长江，同样的山水，却有了完全不一样的感觉。公元727年，当时受到举荐的李白，原以为可以实现自己的人生梦想，没想到并没有得到朝廷的重用。于是，李白失意归来，在回来的途中，写下这首《横江词》。试想一下，此时的李白应该是怎样的心情？

生1：悲伤。

生2：我觉得还有些失落。

生3：生气。

生 4：对朝廷很失望。因为他们没有重用自己。

生 5：忧伤。一丝丝忧伤。

师：也是为梦想无法实现而忧伤。不管怎么样，同样的景点，同样的天门山，李白却有了不一样的心情。在《望天门山》中，我们读到了豪迈的李白，起——

（生齐读课件《望天门山》）

师：而在这首诗中，同样的天门山，我们读到的是失落、一丝悲伤的李白。起——

（生齐读课件中的《横江词》）

四、品《上三峡》《早发白帝城》，感受李白内心

师：难怪有人说，其实一切写景的语言也都是在写心情。在这之后，李白依然在长江的山水之间来来往往，二十多年后，李白在长江边又写下了两首诗。（出示课件）一首律诗，一首绝句。这首律诗很长，大家先把它读通、读顺，不认识的字可以根据拼音多读两遍。开始吧——

上三峡

（唐）李白

巫山夹青天，巴水流若兹。
巴水忽可尽，青天无到时。
三朝上黄牛，三暮行太迟。
三朝又三暮，不觉鬓成丝。

（生自由读）

师：这里面有几个字有点难，向老师注上了拼音，我们一起读一下。

生：（学生齐读注音字）夹，兹，朝，暮，鬓。

师：谁可以再试着读一读这首律诗？

生：（朗读）巫山夹青天，巴水流若兹……

师：在他读的过程中你们似乎听到了什么？

生：感觉李白又受到了朝廷的重用，他的心情又变好了。

师：有这种可能。同样的景点，同样的三峡，李白写出了完全不同的两首诗。这背后一定有许多不同之处。同学们自己试着再读一读这两首古诗，找出不同之处。开始吧——

（生默读并找出不同之处）

师：已经完成的同学，在四人小组里交流一下，看发现的是不是一样，如果有不一样的地方可以讨论一下。开始吧。

（学生就近讨论交流）

师：好，同学们，这两首诗都是写长江三峡的，经过大家的讨论交流，你们发现它们有哪些方面不一样？

生：首先《上三峡》行船速度是比较慢的，《早发白帝城》行船速度是快的。《上三峡》中的“三朝上黄牛”可以看出速度很慢，《早发白帝城》中，从“朝辞白帝彩云间，千里江陵一日还”看出来行船速度很快。

师：谢谢你。（向着全班）他们交流发现两首诗的行船速度不同。行船速度慢，又慢到什么程度？

生：头发都白了，他还没到。

师：“三朝上黄牛”“三朝又三暮”“不觉鬓成丝”。在《早发白帝城》诗中还是这样慢吗？（学生答：不是）那是一种什么状态？

生：千里江陵一日还，轻舟已过万重山。

师：除了行船速度以外，还有不一样的地方吗？

生：我觉得两处的心境也不一样。《上三峡》中诗人有些失落，从“三朝又三暮，不觉鬓成丝”中可以看出。《早发白帝城》体现出李白的愉快与放松之情，从“两岸猿声啼不住，轻舟已过万重山”中可以看出。

师：除了心境和速度不一样，还有其他地方吗？

生：我接着上一位同学所说的，《上三峡》体现出李白失落的心情，因为当年李白被流放夜郎；《早发白帝城》体现出李白高兴、舒畅的心情，他接到了皇帝的诏书，终于结束了流放。

师：看来呀，多了解诗歌背后的故事，有利于理解诗歌。同样的长江，同样的三峡，有这么多的不一样。李白一定经历了很多。这一年，对于李白来说确实是不平常的一年。阅读一段文字吧，静静地读。（学生静心阅读）

李白年轻的时候就才华横溢，抱负远大。二十岁的时候，他把自己比作大鹏鸟，说有一天自己会像大鹏鸟一样直飞云霄。开元十三年春夏之交，二十五岁的李白受到举荐。于是，他第一次离开家乡四川，他即将实现自己心中的理想。在赴江东的途中，舟行至安徽，遥望天门山，豪情万丈的李白写下了一首《望天门山》。

师：看完以后，有几个同学在鼓掌，为什么？你们怎么想的？

生：上面写了释放李白，称为天下第一快事。

师：同样的三峡，同样的长江。我们在这一首诗中读到的是李白被流放时的心情。

生：（齐读）三朝又三暮，不觉鬓成丝。

师：当李白接到释放的消息后，又写下了这样的诗句——

生：（齐读）朝辞白帝彩云间，千里江陵一日还。

师：同样的长江，被流放的李白这样说——

生：（齐读）三朝又三暮，不觉鬓成丝。

师：而在途中，接到赦免的消息后，他又这样写道——

生：（齐读）朝辞白帝彩云间，千里江陵一日还。

师：当然，遭受苦难的李白这样写《上三峡》——

（生齐读整首诗）

师：接到赦免的消息后，李白写下了——

（生齐读《早发白帝城》）

师：我们应该还记得李白不舍与友人分别时，在长江边的黄鹤楼写下了——

生：（齐读）孤帆远影碧空尽，唯见长江天际流。

师：我们应该还记得李白极度思念亲人时，在扬州的旅馆里写下了——

生：（齐读）举头望明月，低头思故乡。

五、品《临终歌》，感知暮年李白

师：可是，不久之后，公元762年，那是一个明月高悬的夜晚，醉意朦胧的李白泛舟长江赏月，不小心误入江中，溺水身亡。那一年，李白六十一岁，这首诗是李白生前写下的最后一首诗。

生：（齐读）大鹏飞兮振八裔，中天摧兮力不济。

余风激兮万世，游扶桑兮挂石袂。

后人得之传此，仲尼亡兮谁为出涕。

师：这是李白最后创作的一首诗。从此世上再无李白，六十一岁的李白和千里长江一样，变成了永恒。

师：好，让我们一起记住曾写尽人间景、道尽世间情的伟大诗人——李白。这节课就上到这里，下课。

遇见苏东坡

——“走近苏东坡”主题阅读课堂实录

课前播放王菲演唱的歌曲《明月几时有》。师生互动，老师笑着问同学们，这是谁唱的什么歌曲。部分学生说出这是王菲唱的歌曲。老师再问，知道歌词的作者是谁吗？学生都摇头，表示不知。老师卖了一个关子，说，词的作者就是我们今天要学习的人物。学生答，苏东坡。

一、印象苏轼

师：这张图片画的人物就是苏东坡。大家能根据这幅图，猜猜苏东坡有什么爱好吗？

生 1：喝酒。

生 2：作诗。

生 3：赏月。

生 4：在月下喝了一点酒后，就诗兴大发，写诗。

师：大家都善于观察，并且富有想象力。大家能否把这幅图中的内容联系起来，想到一句诗呢？

生：明月几时有。（大家听后情不自禁地鼓掌）

师：说得真好。这幅画面确实有“明月几时有”的寓意，就是这首诗词的配图。大家想知道苏东坡哪些方面的内容？

生 1：我想了解苏东坡写了哪些诗？

生 2：我想了解他会画画吗？

生 3：我想了解他与东坡肉有什么关系？东坡肉是不是他发明的？（同学们发出了笑声）

生 4：我想了解他的酒量和李白比，谁厉害？（同学们再次笑了起来）

生 5：我想知道他是怎样被贬官的？

师：非常欣赏你们的好奇心，有些问题我也无法回答，比如说苏东坡和李白的酒量之比。（大家都笑了起来）不过我知道东坡肉与他有关，肥而不腻，挺好吃的。老师这里有一个关于苏东坡的简介，我们一起来看一下大屏幕。

（学生默读屏幕上的内容）

师：从简介中可以知道，苏东坡是一个怎样的人？

生：他是一个诗人、书法家、美食家、学霸、酿酒师、水利工程师、城市规划师……

师：2001年，法国《世界报》评选一千年来影响世界的人物，十二位千年人物中，苏轼是唯一一位入围的华人。一千多年以来，人们心中给苏东坡贴上了这么多标签。

二、诗人苏轼

师：现在我们来看一张图，你看了这张图后有哪些想法？（老师出示一张苏轼一生走过的地方图示）

生1：他去过的地方真多！

生2：他一定在每个地方都留下了许多诗歌。

师：没错，他所到之处都会留下他的作品，你们猜猜，他一生写过多少诗作呢？

生1：五百首。

生2：八百首。

师：大胆往上猜。

生3：两千首。

生4：三千首。

师：没错，接近了。据了解，苏轼写了三千多首作品，留下来的有2 700多首。（学生感到很惊讶，发出赞叹声）也许有人会问，写那么多诗，到底写了哪些内容呢？我们先来读几首。（老师出示一组课件，上面有关于美食内容的诗句）

生齐读以下诗句——

长江绕郭知鱼美，
好竹连山觉笋香。

日啖荔枝三百颗，
不辞长作岭南人。

道人劝饮鸡苏水，
童子能煎莺粟汤。

早晨起来打两碗，
饱得自家君莫管。

师：你们读后，发现这些诗句的内容都有一个怎样的共同特点？

生1：诗句中有菜，有水果。

生2：诗句都与吃有关。

生3：诗句生活气息非常浓厚。

师：你们说得非常准确，没错！苏轼把这些平常事物写到诗里，生活中司空见惯的事物，很多人不注意的事物都成为他作品的素材，这也成为他作品的一个重要特点。我们再自由地读一读，你能读出这些水果、菜肴的味道吗？

（生自由读）

师：谁能自由选择诗句，说说你读出了怎样的味道。

生：我读“长江绕郭知鱼美，好竹连山觉笋香”时，从“鱼美”和“笋香”中，仿佛闻到了竹笋的香味，尝到了新鲜可口的长江鱼。

师：非常好，能联系字词体会诗句。你还能从这句诗的字词中体会到什么？

生：这里的竹子好，并且很多。

师：“好竹连山”说的是竹子长得非常茂盛、秀美，铺满了整个山岭。你们知道“郭”在古诗中一般是指什么吗？（学生摇头，表示不知道）郭，一般是指城郭、城市，绕郭就是围绕着城市，那就是全城的人都知道什么？（学生答：鱼美）既然如此之美，如此之香，就让我们一起美美地读读这些句子吧。

（生齐读）

师：继续说说你读出的味道吧！

生1：我读“道人劝饮鸡苏水，童子能煎莺粟汤”时仿佛看到了一些道人都在喝鸡汤，童子在做饭。

生2：我读“日啖荔枝三百颗，不辞长作岭南人”时，感受到这里的荔枝特别好吃，这里的人也特别能吃，一天竟能吃掉三百颗。

生3：我读“早晨起来打两碗，饱得自家君莫管”时，想到苏东坡喝酒，他早上就开始喝酒了。

生4：第一句“长江绕郭知鱼美，好竹连山觉笋香”，一个美，一个香，让我们感受到苏东坡在这里一定很开心，吃得特别香、特别美。

师：你能读一读吗？读出苏东坡当时的感受。

生：长江绕郭知鱼美，好竹连山觉笋香。（学生有感情、有节奏地朗读，赢得了其他同学的掌声）

师：不错，大家的掌声告诉我们，他读出了苏东坡的快乐。我们一起来读一读吧！

（生齐读）

师：大家读得非常好，我们品味诗句时，不妨找到一些关键词句来揣摩、体会，最后再有感情地读一读。现在我们就把这几句诗句读出来，用声音来传递这些水果、美食的美味，以及苏东坡先生对它们的喜爱之情。

（生齐读）

师：苏轼一生走遍了北宋的山山水水，他走过的地方，也经常出现在他的诗中。1082年，苏轼被贬黄州的第二年，为了排解心中的不快，当他行走到黄州赤壁时，写下了“大江东去，浪淘尽，千古风流

人物”。（同时出示课件，学生齐读）

师：1084年，春末夏初，苏轼从黄州被贬至汝州，途经庐山时，苏轼畅游庐山十多天，被庐山雄奇秀丽的景色所吸引，十多天中，他写下了十多首赞美庐山的诗，其中有一首大家已经学过。（课件出示，学生齐读：《题西林壁》）

师：苏轼去庐山一次，就写下了十多首诗。有一个地方，他一生中去过两次，他又会有哪些诗作呢？你能从这三首诗中发现这是哪里吗？（出示课件）

生：（齐答）杭州。

师：没错，这写的是杭州西湖。现在请大家拿出学习单，按学习单上的提示，完成自学。

（生自学三首西湖诗作）

饮湖上初晴后雨（1073）

（宋）苏轼

水光潋滟晴方好，山色空蒙雨亦奇。
欲把西湖比西子，淡妆浓抹总相宜。

六月二十七日望湖楼醉书（1072）

（宋）苏轼

黑云翻墨未遮山，白雨跳珠乱入船。
卷地风来忽吹散，望湖楼下水如天。

与莫同年雨中饮湖上（1089）

（宋）苏轼

到处相逢是偶然，梦中相对各华颠。
还来一醉西湖雨，不见跳珠十五年。

师：我们先按照读古诗文的节奏和韵律来读一读。先请三位同学一人读一首。（三位学生读得比较好，老师肯定后，要求全体同学齐读）

师：我们先来欣赏前两首诗。（出示课件）请大家找找两首诗有什么相同点。

生1：都写了雨。

生2：都是写西湖。

生3：都用了比喻的修辞。

师：你能说说是怎样比喻的吗？

生："欲把西湖比西子"中，把西湖比喻成西子……（学生说不上第二首了）

师：第二首呢？谁知道？

生：黑云比喻成墨水，还有就是雨像珍珠。

师：说得非常好。这些都是寻常物，在苏轼的诗里却有了不一样的境界。知道西子是谁吗？

生：西施。

师：西施是怎样的人？（学生摇头）中国有四大美女，西施是四大美女之首。在苏轼眼里，西湖的地位可见一斑。你能感受到苏轼很喜欢西湖吗？（学生答：能）我们怎样读这首诗呢？来吧！读出苏轼对西湖的喜爱之情。

（生齐读《饮湖上初晴后雨》）

师：同学们刚才说这两首诗都写了雨，我们来看看，是不是一样的雨？

生1：山色空蒙雨亦奇。这里的雨是蒙蒙细雨；而第二首诗"白雨跳珠乱入船"有点像夏天的暴雨。

生2：第一首诗是写天晴后下的毛毛雨，而第二首诗先是乌云滚滚，再下雷阵雨。

师：大家对诗句的理解非常好，我们再把诗句与题目结合起来，一起读读，你能发现苏轼当时的心境吗？

生1：第一首很安静。第二首是喝醉酒了。

生2：写第一首诗时苏轼非常高兴，从那句“淡妆浓抹总相宜”中看出，他十分喜爱西湖。而写第二首诗时，他喝醉酒了，心很乱。

师：你们非常理解苏轼。苏轼在这两首诗里反映的心境确实不一样，来，让我们读出不同吧。

（生齐读这两首诗）

师：《六月二十七日望湖楼醉书》写于1072年。1089年他又来到西湖，他还会喝醉酒吗？（出示课件）我们来齐读一下。

生：（齐读）

与莫同年雨中饮湖上（1089）

（宋）苏轼

到处相逢是偶然，梦中相对各华颠。

还来一醉西湖雨，不见跳珠十五年。

师：莫同年是苏轼的好友，两人在西湖饮酒，适逢下雨。这里仍是西湖，仍是西湖的雨，“不见跳珠十五年”，这时的苏轼已被朝廷多次贬官，戴罪任职，从这句话里读出了什么？

生1：是他坎坷的人生。

生2：是他悲惨的人生。

生3：是他多变的人生。

生4：他很郁闷，有些愤愤不平。

师：说得好！苏东坡一生跌宕起伏，多次被贬，怀才不遇，就像西湖的天气一般。诗里的晴、雨就是苏轼的人生。苏轼一生的足迹遍布北宋各地，一生写了三千多首诗歌。1100 年 7 月，苏轼从他最后一个被贬的地方儋州返回常州，在北上的路上，写下了——（出示课件）

生：（齐读）问汝平生功业，黄州惠州儋州。

师：原来，当年，被贬黄州，他写下了：（出示课件，学生齐读）

问汝平生功业，黄州惠州儋州。

当年，被贬惠州，他写下了：（出示课件，学生齐读）

问汝平生功业，黄州惠州儋州。

当年，被贬儋州，他依然觉得：（出示课件，学生齐读）

问汝平生功业，黄州惠州儋州。

原来，走进一组诗，就要走近一个人；原来，走近一个人，就可以更深刻地理解一组诗。

三、千年苏轼

师：苏轼的诗，不仅留在西湖，也留在了赤壁：（出示课件）

生：（齐读）大江东去，浪淘尽，千古风流人物。

师：苏轼的诗，不仅留在赤壁，也留在了庐山：（出示课件）

生：（齐读）不识庐山真面目，只缘身在此山中。

师：苏轼的诗，不仅留给了山水，也留给了历史。

今天的课就到这里，下课。

图书在版编目(CIP)数据

课堂里的文学：我的语文课堂札记 / 向春芳著. —桂林：广西师范大学出版社，2021.10
ISBN 978-7-5598-4341-8

Ⅰ. ①课… Ⅱ. ①向… Ⅲ. ①小学语文课-课堂教学-教学研究 Ⅳ. ①G623.202

中国版本图书馆 CIP 数据核字(2021)第 204624 号

课堂里的文学：我的语文课堂札记
KETANG LI DE WENXUE：WO DE YUWEN KETANG ZHAJI

出 品 人：刘广汉
责任编辑：刘美文
项目编辑：伍忠莲
封面设计：李婷婷
广西师范大学出版社出版发行
(广西桂林市五里店路 9 号　　邮政编码：541004
网址：http://www.bbtpress.com)
出版人：黄轩庄
全国新华书店经销
销售热线：021-65200318　021-31260822-898
上海盛通时代印刷有限公司印刷
(上海市金山工业区广业路 568 号　邮政编码：201500)
开本：890mm×1 240mm　1/32
印张：8　字数：207 千字
2021 年 10 月第 1 版　2021 年 10 月第 1 次印刷
定价：55.00 元